有人说，只要你想，就没有不可能。

每个不可思议的背后，都是对极致的无限追求。

渺小生命，渴望破茧成蝶，

让不可能变为可能。

怀有好奇，怀有敬畏，怀有相信。

突破想象，做想不到的自己。

平凡生命　极致绽放

扫一扫，看精彩视频

没有不可能

官方网站

官方微博

公众号

央视创造传媒

CCTV**1** 央视创造传媒

挑战不可能

第一季

《挑战不可能》栏目组 编著

北京联合出版公司
Beijing United Publishing Co.,Ltd.

序　时代中国的精神筋骨

　　《挑战不可能》是一档时代精神孕育出的电视节目。当下中国最需要什么？自强的精神、无畏的勇气和超越的动力。"天行健，君子以自强不息"，《挑战不可能》用个体生命的故事诠释了时代中国的精神筋骨。节目已经播出两季了，不但创造了央视综合频道季播综艺节目的收视纪录，也被新媒体受众广泛接受，成为收视、传播和品牌价值"三高"的现象级节目。

　　时光荏苒，初心不忘。中央电视台作为国家电视台，追求创新的初心和勇于挑战的决心一直都没有改变。央视综合频道努力做到"做敢为人先有这个志气，做锐意创新有这个勇气，做蓬勃向上有这个朝气"。在娱乐当道的电视市场中，央视依然在寂寞中坚守价值，用百姓的视角来解读这个时代。让每个项目都挑战和超越人类的极限，让每个看到的观众发出"哇"一声惊叹，《挑战不可能》的主角是普通人，但他们在平凡的生命里有着不平凡的极致绽放，挑战的精神就是我们对生命的礼赞。

　　《挑战不可能》本身也在挑战着各种不可能。央视调动台内播出平台和制作公司联手，第一次用市场化模式来制作大型季播节目，为央视创新节目制作方式积累了经验。央视第一次整合全台资源联动进行节目传播推广，成就了节目传播的现象级。《挑战不可能》不仅重塑了央视在综艺领域的引领力，还获得了国际的认可：亚洲太平洋广播联盟是亚太地区最大的广播电视专业组织，拥有 70 个国家和地区的 270 多个成员机构，在其颁发的年度奖项中，《挑战不可能》击败众多优秀节目，获得了电视娱乐节目类大奖。中国制造的电视节目，成为了挑战类节目的行业最高标准。

"挑战"是人类共通的精神追求，在国际视野和全球语境中，中国电视人正在用自己的方式讲好中国故事。不论观众来自哪个国家，也不论他们拥有什么样的文化背景，都能迅速被《挑战不可能》的挑战精神感染、震撼。中国与世界的沟通、融合，从一个节目里找到了契合点。

"中华民族积蓄的能量太久了，要爆发出来去实现伟大的中国梦。"我们所处的时代是历史的关键期，我们必须凝心聚力、团结前行，激发出全社会的创造活力和发展动力。《挑战不可能》绽放的是振奋人心的力量，每位挑战者的背后，都有令人感动的人生故事，这些故事让他们的挑战更有魅力和能量。让挑战的精神陪伴我们的观众一路成长，让我们的生活之路充满希望和阳光。

中央电视台综合频道总监 王晓真

2017 年 1 月

目录

挑战不可能

目录

挑战不可能

挑战不可能

目录

挑战 不可能

人生的高度——夏伯渝

夏伯渝，1951年出生于重庆，四五岁时，跟随父母移居青海省西宁市。

夏伯渝1974年入选国家登山队。在第一次攀登珠峰过程中将睡袋让给队友，不幸双脚冻伤并截肢。此后从事残疾人运动数十年，屡获佳绩。1994年在"远东及太平洋南岸残疾人运动会"（现改为"亚洲残疾人运动会"）中获标枪银牌，并获优秀残疾人运动员荣誉称号。2000年在"第五届全国伤残人运动会"中获得三枚金牌，退役后成为中国登山协会工作人员。2005年获中华全国体育基金会颁发的"国家队老运动员、老教练员关怀基金"。2011年参加在意大利举行的世界首届残疾人攀岩锦标赛，获得速度和难度两块金牌，并获得"CCTV2011体坛风云人物""残疾人体育精神奖"。

登顶珠峰是夏伯渝一生的梦想，为了实现这个梦想，他坚持了41年。四次手术，一次化疗，坚持日复一日的体能训练，他依靠自身坚强的意志和梦想成功战胜了淋巴癌；双腿佩戴假肢攀登玉珠峰、慕士塔格峰、巴郎山等，并四次攀登珠峰，最后一次到达海拔8750米的高度，距离峰顶海拔高差不足100米。夏伯渝攀登珠峰的追梦之举，感动过很多人。他用坚持不懈、永不放弃和乐观积极的精神，对抗着人生中的种种挫折和磨难，挑战生命里的不可能。

夏伯渝说："我这一生无论经受怎样的困难，都没放弃过登顶珠峰的梦想。它一直支撑我走到现在。如果没有它，我不会是现在这样，可能像我许多同辈那样过一天算一天。所以，人的一生，要有一个梦想，为了这个梦想去奋斗、去拼搏，不管它以后能不能成功，但这个过程很重要，它会让你的人生更充实，更有意义。"

七米挑战

2015 年 8 月，夏伯渝参加了《挑战不可能》第一季节目的录制。

节目一开始，他背着红色登山包健步出场，身材高大，面色红润，两条胳膊肌肉发达。

"我叫夏伯渝，今年 66 岁。已经退休好几年了。"一个简短的自我介绍，一副和实际年龄并不吻合的样貌，被评委周华健调侃为"真正的老鲜肉"。

面对一面巨大的攀岩墙，主持人撒贝宁介绍此次挑战项目，挑战者要徒手登上 7 米高的攀岩墙，摘下攀岩墙顶部的旗帜，回到地面即为挑战成功。

观众和评委对于这一"挑战项目"，一片哗然。

评委李昌钰直接表示："我觉得这个项目太简单了，他的人很高，手又很长，这怎么能是挑战呢？"

周华健说："攀岩是一项很普及的运动了，我都有参加过训练，我都有过攀岩的经历。"

所有的观众都愣了，接下来是各种猜测，是什么可以让"7 米攀岩"成为一项不可能的挑战？66 岁高龄吗？对于一位经常从事攀登运动的人来说，这并不是不可能的。

夏伯渝没有说话，默默地进入准备环节。

主持人撒贝宁为他搬来了特别的工具——一把椅子。

▲ 真正的"老鲜肉"

各种猜测，纷然再起，李昌钰博士大胆推测，"他好像要坐在椅子上爬，连着椅子爬"；董卿说："难道要把椅子绑在身上？"但，真的是这样吗？

台上的夏伯渝正在从容地准备着，当他从登山包中拿出一双假肢的时候，所有人都被震撼住了，似乎明白了什么。

周华健说："万万没想到，原来是两条小腿都截肢了。"董卿说："这一幕是很震撼的，谁也没想到，他是带着假肢去攀岩。"李昌钰说："那一瞬间，我就觉得这个是真正的挑战。"

他撩起裤子，换上专门用于攀岩的假肢。此刻所有人都意识到了眼前正在发生的事情，这是一位双小腿截肢，佩戴假肢的老人，而他要挑战的是 7 米攀岩，出乎了所有人的意料。这是一个真正的挑战！

换装结束的夏伯渝，意气风发地站在舞台上，全场观众和评委起立向他鼓掌致敬，为他加油。

挑战正式开始，夏伯渝迈着矫健的步伐走向攀岩墙。全场静静的，所有人都为这位花甲老人捏了一把汗。

他双手握住岩点，假肢也慢慢攀上岩面。那一刻让人揪心。

开始向上攀爬。因为假肢踩在岩点上没有感觉，夏伯渝每走一步都小心翼翼，看准假肢所踩的岩点位置，踩稳了，再走下一步。整个动作连贯协调，顺利通过一半路程。

突然，一个小小的意外让所有人的心一颤。夏伯渝的左脚没有踩到岩点上，而是踩在了上方的岩壁上，瞬间的踩空，让整个身体跟随着晃动，他依靠双臂的力量努力将身体撑住，继续攀登。

终于到达攀岩墙顶部，摘下旗帜，挑战成功！夏伯渝开心地笑了，满脸汗水，纯粹而平实。

大家都松了一口气，与其说希望他挑战成功，不如说担心他挑战不成功。再一次全体站立鼓掌喝彩，不只为一个挑战项目，更为背后的那份勇气与坚强。

周华健说："大哥你好，你当时是一个怎么样的意外？"

夏伯渝说："1975 年的时候，我 26 岁，随中国登山队攀登珠穆朗玛峰。当时离

长安祥
锐

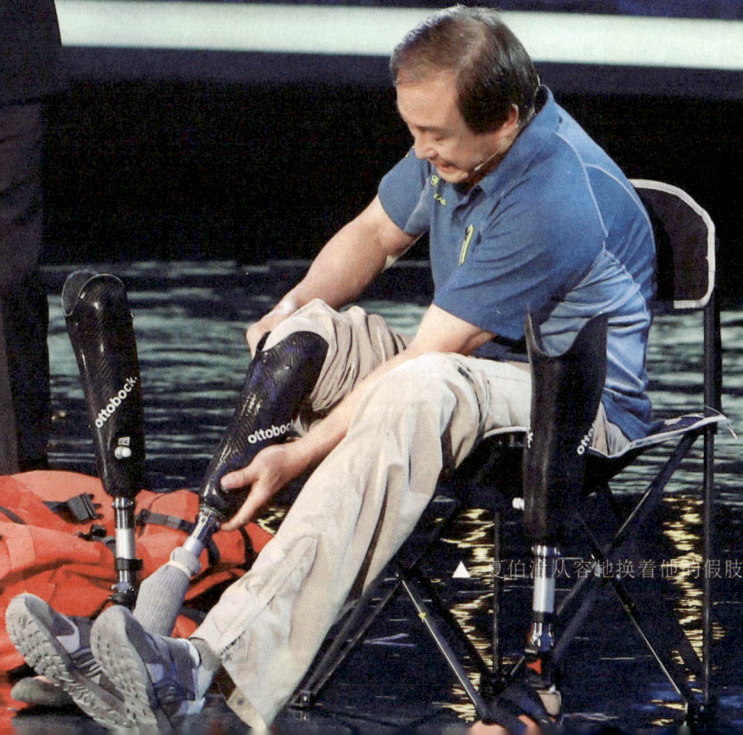

▲ 夏伯渝从容地换着他的假肢

顶峰只差 200 米了，我想就剩这么高了，我肯定可以登上去。正在我高兴的时候，突然刮起了强劲的高空风，吹得人站起来都很困难，根本就别想登顶。我们被迫下撤到 7600 米的地方宿营，有一个藏族队员丢失了睡袋，在 7600 米的高度没有睡袋，又体力透支，后果可想而知了，当时我也没有多想，就把我的睡袋让给了他，就这样我被冻伤，永远失去了双脚。"

三位评委一致赞同，夏伯渝顺利进入荣誉殿堂。

夏伯渝的荣誉殿堂不是在这里，而是在 8848 米的地方，是在那一座山的山顶。那个荣誉殿堂永远都会在那儿等着他。

节目组将当年成功登顶的 9 位中的 6 位队员请到了节目现场。他们是 78 岁的洛则、77 岁的侯升福、64 岁的桑珠、70 岁的贡嘎巴桑、70 岁的大平措、68 岁的索朗罗布。夏伯渝格外惊喜，与他们一一拥抱，时隔多年，却依旧能说出每位藏族队友的名字。所有在场的人，都是满眶热泪。

"如果当年他和他的队友一起登上去了，可能就没有今天这个故事了，也没有这样一种动人的力量在这里。我们会感叹命运真的是永远超乎你的想象！"评委董卿感慨道，"那些队友现在也都是六七十岁的老人了，唯一一个还有要登上珠峰梦想的就只有夏伯渝了，因为他是当年遭遇不幸的那一个，所以我真的感受到，有时候伟大源自于苦难。"

命运截断了他的双腿，却无法截断他攀登的梦想。对信念的执着追求正是支撑人类不断前行的力量。就像老队友说的那样，夏伯渝真正的荣誉殿堂，是在 8848 米的珠穆朗玛峰顶峰。

我们相信夏伯渝的人生终将在世界之巅极致绽放！

1975 年首登珠峰，失去双脚；2016 年，第四次攀登珠峰。40 多年来，他一直在为自己的梦想拼搏、奋斗。他的脸上总是带着暖暖的笑，让人不敢相信命运曾经给予他那么多的苦涩，只有他自己知道这些年来忍受过的痛苦、付出过的代价。

▲ 摘下旗子后，夏伯渝笑成了一个孩子

无脚，也要再登珠峰

夏伯渝，

23 岁，入选国家登山队；

24 岁，首登珠峰，冻伤，截肢，失去双脚；

42 岁，再次截肢，失去双小腿；

45 岁，患淋巴癌，中晚期，四次手术，一次放疗；

57 岁，攀登玉珠峰；

61 岁，攀登慕士塔格峰；

63 岁，第二次攀登珠峰，孔布冰川雪崩，尼泊尔政府取消全年登山活动；

64 岁，第三次攀登珠峰，8.1 级地震，珠峰大本营遭遇雪崩，捡回一条命；

65 岁，第四次攀登珠峰，距离登顶只差 90 多米，遭遇大风，顾念 5 位夏尔巴向导的生命，选择放弃登顶。

一个简单的时间表，看得到的是一次次勇于挑战的脚步，看不到的是四十一年如一日汗如雨下、枯燥而又乏味的体能训练。夏伯渝说："最难的不是病痛或天灾，而是整整四十一年日复一日的坚持训练，哪怕截肢恢复和放疗期间都没有停止。我至今维持着几十年前的运动强度，现在老了，有些力不从心。但又必须咬牙坚持，保持不住体能，就登不了珠峰。只要我活着一天，就要为梦想坚持一天。"

夏伯渝从小热爱体育，擅长田径，并在省、市级运动会中斩获佳绩。他酷爱足球，恨不得每天踢一踢才过瘾，曾被选入业余体校足球班接受训练。他曾想过自己身体的哪一部分都可以受伤，但脚千万不能受伤，脚受伤了就不能踢足球了，足球早已融入他的生活。

1974 年，中国登山队为 1975 年第二次攀登珠峰到青海选拔登山运动员。冲着能够免费全面地检查一次身体的"便宜"，夏伯渝也报了名。阴差阳错，他凭借自身良好的身体素质，在数百人中脱颖而出，成为青海省 9 位入选者之一，连他自己都感到意外。

之后，在北京进行了对全国入选人员的二次选拔，夏伯渝以优异的成绩成功入选国家登山队，并成为当时被寄以厚望的能够登顶珠峰的汉族运动员之一。

那一年，他 23 岁。

1975 年 1 月，大部队开始前往珠峰大本营，并在西宁短暂停留。抵达后，夏伯渝才得知父亲患胃癌，正在住院治疗。是留下来照顾父亲，还是去执行国家的攀登任务，他需要在两难间尽快做出选择。

人的一生，会经历许多重要的选择，选择本身并不可怕，可怕的是命运的未知，不同的选择背后可能是天壤之别的人生。当然任何一种选择都无可厚非，任何一方都难以割舍，那么这种选择本身就是一种残酷。一旦做出了决定，便再没有后悔的机会，唯有尽力而为，坦然地接受和承担接下来的一切。

在当时的情况下，父亲义无反顾地支持他去登山。夏伯渝选择了跟随大部队前往珠峰大本营。

3 月中上旬，经过一路颠簸，大队人马先后到达海拔 4950 米的绒布寺，当年的珠峰大本营就设在这里。第一次看到珠峰雄壮巍峨、气势磅礴的身影，夏伯渝激动极了，浑身的血液都在沸腾。

之后，夏伯渝被分到突击队，肩负着冲击顶峰的任务。经过适应性行军，穿越了美丽的冰塔林，跨越了冰裂缝纵横交错的"北坳"，经历了十二级大风的肆虐，他成功克服了重重困难，登顶信心倍增。

足球科　一　班

姓名　夏伯守

性别　男

原学校名称 小干院附中

电　　話　3188

家庭住址 市汽车运输管理局

电　　話　1590

1964 年 10 月 14 日发

▲ 入选体校足球班时13岁的夏伯渝

5 月初，夏伯渝所在的队伍接到指示，冲击顶峰。当时，为了安全，每四位运动员拴在一根绳子上组成一个结组，互相保护，并规定在山上任何情况下都不能打开结组绳。当时，夏伯渝和登山队副政委邬宗岳在一个结组。在攀登到海拔 8400 米左右时，邬宗岳高山反应严重，说不出话来，便让夏伯渝把报话机交给前一结组的仁青平措副队长，完成和大本营联系的任务。夏伯渝接受了任务，把自己背的氧气瓶交给政委后，打开结组绳，自己一个人加速前进追赶前面结组的副队长。

第一次一个人攀登这段路程的夏伯渝脱离了常规路线，当路变得越来越难走，到后来根本无法下脚的时候，他才意识到自己走错路了，而此时他已身处险境。向前，无路可走；后退，不知来路；向上，是一块巨大的岩石壁；向下，是万丈深渊，无数的冰裂缝张着大嘴，乌云就在脚下翻滚。

顷刻间，夏伯渝感到天旋地转，恐惧和死亡的阴影笼罩了全身。他紧闭双眼，一动都不敢动。不知过了多久，他才慢慢地冷静下来，那样一直趴着，不摔死也会被冻死，要想活命，必须自救。

在强烈的求生欲望驱使下，夏伯渝开始认真观察环境和思考离开办法。突然，不远处的一条裂缝成了他的救命稻草。他小心翼翼地挪了过去，双手死死地抠住裂缝，脚下用冰爪的尖齿卡住岩壁，像蚯蚓一样慢慢往上蹭，一点一点地向上蠕动。一分一秒的时间被化成了胸腔中突突的心跳和鼻尖细若游丝的呼吸，只有一个信念——绝不放弃，一定要活下去。终于，他爬上了高高的岩壁，一下子瘫软在山脊上。正巧，仁青平措副队长的结组刚好经过，夏伯渝追上了副队长并跟随队伍到达海拔 8600 米高度。他和队友合作在攀登珠峰最困难的"第二台阶"下架设了金属梯，这便是后来为人称道的"中国梯子"，服役 30 多年，所有从北坡攀登珠峰的人都必须通过这架梯子上下，这也是他们当时为攀登珠峰做出的一大贡献。

天渐渐黑了，风也开始加大，夏伯渝一行在被称为"死亡地带"的高海拔之处扎营休息，准备次日冲击顶峰。但是，所有人都到了，只有邬宗岳没有到。夏伯渝和队友在副队长带领下离开营地寻找，可是天已经黑透了，风也越来越大，几米之外什么都看不见听不见，不得不放弃。之后几天也杳无音信，政委牺牲了！夏伯渝第一次近距离接触死亡，再次感受到攀登珠峰的危险和可怕。

当晚，高空风没有任何预兆地刮来。狂风像惊涛骇浪般咆哮着，天昏地暗，人根本就直不起腰来，更别说向前迈步。夏伯渝望着海拔高差仅有200米的山顶，心想："考验自己的时候到了，要坚持到底，就最后这一点了，一定要登上去。"可是，他们在原地等了两天三夜，却没有等来任何机会。

带上山的物资消耗殆尽，陆续有伤员被送下山去，下撤成为迫不得已的选择。夏伯渝坚信，下撤只是暂时的，等到好天气，一定会再度攀登，突击顶峰。然而，造化弄人，谁都不曾料到，这一撤，竟成了他一生的遗憾，8600米成为伴随他之后40年的最高高度，而他人生的轨迹也走向不可预知的方向。

下撤途中，一位藏族队友因体力透支不慎将装有睡袋的背包滑落谷底。在7600米营地过夜时，便只得蜷缩在帐篷的一角，夏伯渝看着他实在不忍心。因为夏伯渝耐寒能力比较强，一年四季都用冷水洗脸洗澡，外号"火神爷"。他也没多想就把自己的睡袋让给了那位藏族队友。

冻伤应该有一个过程，先是冻得疼，再是冻得麻木，然后冻得失去知觉，最后的结果才是冻伤。夏伯渝回忆，当时他好像没有感觉到这个过程，把睡袋给了队友以后，便穿着鸭绒服和高山靴躺在冰凉的地上，在零下二三十摄氏度的严寒和高度缺氧的环境中将就了一夜，并且睡着了。不承想，那一个让睡袋的举动竟彻底改变了他的一生。

人性只有在一瞬间的抉择中，才能真正地体现出来，而这一瞬间的决定产生的后果让夏伯渝无法承受。"我在把睡袋让给队友的一瞬间，就只是想帮帮他，没有时间去联想自己是否会冻伤，甚至可能会被冻掉双脚，如果我想到那一刻的举动所造成的结局竟会改变我的人生，我是否还会那样做？现在回想起来，有时还会感到很伤心也很痛心。"

夏伯渝说："第二天我自己从海拔7600米的营地走下来，等到达海拔6500米的营地，脱高山靴的时候，才发现鞋像长在了脚上一样，用尽力气也脱不下来，最后只能把高山靴剪开，而此时双脚已经没有知觉，动弹不得，一点温度都没有。"大夫告诉夏伯渝，双脚可能冻伤了。他不相信，"我怎么可能冻伤呢？"采取了复温措施以后，大夫让他

▲ 年轻时夏伯渝帅气的样子

▲ 队长在帮夏伯渝检查结组

▲ 强烈的高空风直刮得天昏地暗

▲ 3个小时我们才前进了100米

好好休息，再观察恢复情况。

夏伯渝的脚再也没有恢复知觉。靠队友和牦牛驮回大本营，冻伤部位的皮肤颜色也开始发生变化，由白色变成粉红色，这双脚已经凶多吉少了。他被送回北京接受治疗。

四个月的时间，夏伯渝从一名普通工人转变为攀登珠峰的国家登山队队员；又四个月时间，他撇下病榻上的父亲，雄心勃勃而来；跨越冰裂缝，穿过暴风雪，多少次死里逃生，最后却只能拖着受伤的双脚——他最不想受伤的部位，带着遗憾离开。那一刻，他恨珠峰，离开后，便再也不要重逢。人生就是这样难以描述，越是不想提及，却越是难以放下，难忘珠峰，多想能走完最后的 200 米征程，成功登顶！

1975 年 5 月 28 日，躺在积水潭医院病床上的夏伯渝从广播中听到了中国登山队 8 名男运动员和 1 名女运动员成功登顶的消息。他激动得眼泪直流，所有的付出终于有了回报。但也感到失落，原本他也能登上顶峰的。

噩耗传来，夏伯渝的父亲在他冲顶的时候去世了，母亲为了让他安心完成国家交给的任务，嘱咐登山队领导不要把消息告诉他。同时，他冻伤的双脚也由粉红色变成紫红色，最后变成黑色，必须要截去坏死的组织。

双重打击，轰然而至。那一刻，他真有些后悔选择登山，因为登山，他失去珍爱的双脚，再也不能踢足球了；因为登山，他没能守候在病重的父亲身边，没能见父亲最后一面。他悲痛欲绝，接受不了二十几岁失去父亲，接受不了将在轮椅上度过余生的现实。内疚、自责、痛苦、抑郁、精神恍惚，他一天到晚萎靡不振。他一度失去了生活的方向，更对自己以后的人生感到绝望。

在医院治疗期间，佩戴假肢成为最佳治疗方案，正是这个治疗方案，让夏伯渝看到了生活的希望。在医院的积极协调下，德国著名假肢专家同意为夏伯渝量身打造一副假肢。好消息接踵而至，德国假肢专家在做了基本的检查后告诉他："你穿上假肢不但不会太大影响你的生活，经过锻炼磨合，常人能做的事你都能做，而且你还可以继续登山。"德国专家的话点燃了他不认输、不屈服的生活信念。

激动和兴奋之余，除了积极配合医院治疗外，他开始思考自己的人生，人活着总得干点什么？我能干什么？要干什么？类似的问题一直在他脑海中萦绕。

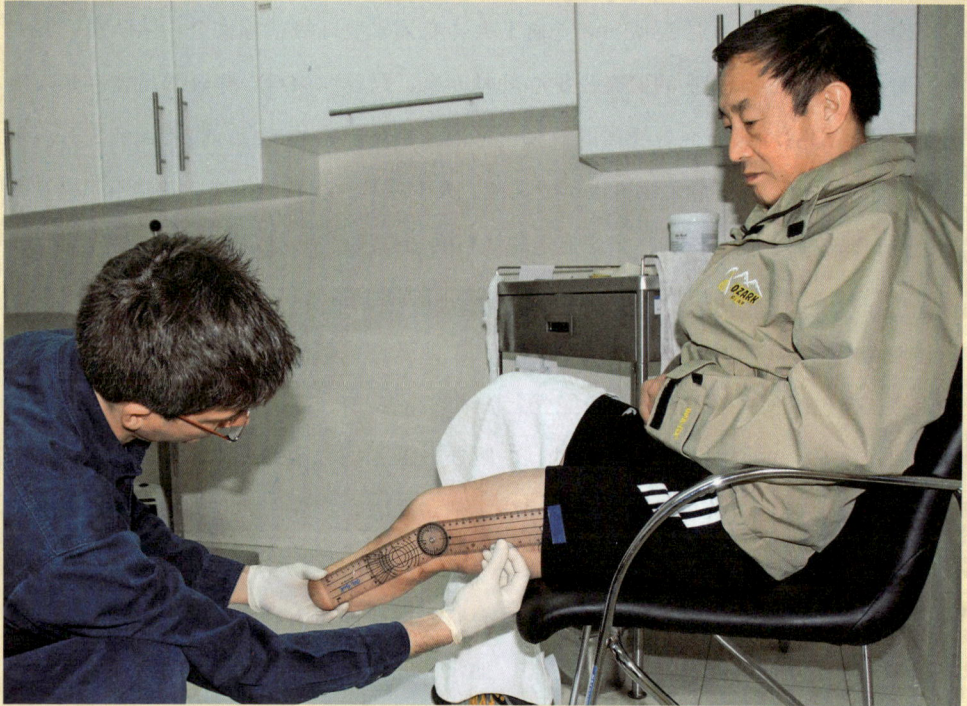

▲ 德国假肢专家为夏伯渝会诊

　　夏伯渝回想起父亲当初之所以没有把他留在身边，就是想让他去完成登山的任务。父亲曾对他说过："要想做一件事，就一定要做好它，不能半途而废；在哪里摔倒，就要在哪里爬起来。"他深深地铭记父亲的教导，绝不辜负他的期望，绝不允许自己就此消沉，倘若有机会有可能，他一定要登上珠峰。

　　对于珠峰，夏伯渝恨它，因为它夺去了他的双脚，还差一点令他命丧山中。同时，夏伯渝又敬畏它，因为在攀登的过程中他体验并感受到了那种冒险、刺激和极具挑战的感觉，这也跟他的性格、爱好很吻合。既然是这样，那他就决定再登珠峰，反正脚也没了，也不怕再冻伤了。

　　"有脚的时候我没能登上珠峰，无脚，我也要再登珠峰。"就这样，再登珠峰就成了夏伯渝的梦想。

　　"只要我活着一天，就要为梦想奋斗一天"，成了他人生的信条。

　　夏伯渝至今都难以忘怀第一次穿上假肢的情景。他一点一点地站了起来，站得很稳，腿不发软、不打晃、不哆嗦。"我感觉自己像忽然长高了，视野也开阔了！那一刻，我真想大声地喊出来，让全世界的人都听到，'我又站起来了！我真的又站起来了！'"

　　不满足于此，他尝试着迈步向前，扶着病床，他居然绕床挪了一圈。只是走出这一小圈，他激动得眼泪差点掉下来。

　　整整三年！一站立，一迈步，这是夏伯渝截去双脚后第一次走路。人生这条路上，他比健全人走得更为艰难。

　　与假肢的磨合是个漫长的过程，夏伯渝吃尽了苦头。在那个年代，我国的假肢技术水平还很不成熟，很容易从肢体上滑脱。有一次骑车外出，因为假肢踩在脚蹬子上没有感觉，蹬着蹬着，假肢就慢慢向前移。突然，右脚的假肢滑出了脚蹬，直接从小腿上甩了出去，整个人和车瞬间失去平衡向右侧倒去，他本能地想用脚踩地支撑，可是，哪里还有脚呀！截肢部位被重重地杵在了地上。

　　"当时我疼得差一点晕过去，浑身都在哆嗦，也不知道在地上躺了多久，只觉得有人把我和自行车挪到了马路牙子上。"小腿胫骨和腓骨的骨头杵破了皮肤，骨头都露了出来。刮骨长肉养了好几年才在骨头上长好的伤口又破了，不知什么时候才能再长好。

此外，当时的假肢使身体负重都集中在截肢部位，走起路来，受力的部位会特别疼，也容易被磨破。磨破的皮肤不是正常的皮肤，而是疤痕组织，疤痕组织要想愈合是非常慢的，再加上冻伤部位周边组织的血液循环差，使得磨破的伤口长期都不能愈合。

为了免去伤口换药的麻烦并能够全身心地投入到残疾人运动和登山中，夏伯渝在1993年进行了从双小腿膝盖以下2/3处的第二次截肢。截肢之后的伤口没有疤痕组织，在正常的皮肤上也磨出茧子，再加上高科技在假肢上的运用，使得假肢在穿戴的方便性、舒适性以及运动性方面，都有了明显改善和提升。

第二次截肢后的第三年，夏伯渝无意中摸到了左腿腹股沟处有一个疙瘩，但是不疼不痒，什么感觉也没有。妻子马怡对此很重视，催促他尽快到医院检查。

做过检查，被诊断为一个普通的淋巴肿块，可以把它切除。但是，对切下来的淋巴肿块做病理分析时才发现是癌，转移到淋巴上的。马怡不相信这样残酷的事实，带着病理切片到多所肿瘤医院做进一步检测，可检测结果都一样——淋巴癌，中晚期。

命运的天平在夏伯渝这里似乎永远是倾斜的。他的生命进入倒计时！"老天爷怎么如此不公，为什么什么事情都要让我遭受一遍呢？"

经过各种仪器的全身扫描，没有找到原发灶，大夫说转移到腹股沟的癌一般是从下肢转移上来的。回想起之前截肢时医生说过的，伤口长期不愈合会发生癌变。二次截肢前的残端上的伤口十几年不愈合很可能发生了癌变，并转移到腹股沟的淋巴上了。二次截肢手术时没有做病理分析，可能原发灶就是当时切除的。之后，他又先后在身上发现了三个肿块，相继又做了三次手术和一次放疗。

面对癌症，他第一个想到的是登山。对夏伯渝来说，在经历了那么多次生死考验后，死亡并不可怕了，因为他已经和死神打过交道。他担心的是他的梦想不能实现了，多年锻炼的成果付诸东流。

马怡似乎看透了丈夫的心事，鼓励情绪低落的夏伯渝。"你现在应该积极地配合医生进行治疗，不能被病魔吓倒，要振作起来，要有信心，不能让你几十年来所做出的努力白费，要继续为了你的梦想去努力奋斗。你只要活一天，就要为你再登珠峰去拼一天，去斗一天。"妻子的话唤醒了消沉中的他，没有给自己太多的时间感伤生命的无常，对登山的热爱重新点燃了他对生活的希望。

回望过去的几十年，夏伯渝遇到了那么多坎坷和挫折，遭受了那么多的不幸和打击，他都顽强地挺过来了，从没有低过头、泄过气。为了再登珠峰的这个梦想，他克服了常人难以想象的困难。这次，他也绝不能被病魔吓倒。

"我要与它抗衡，我要继续努力、继续奋斗。妻子说得很对，只要我活着一天，我就要为我的梦想去拼搏一天，直到战胜病魔最终实现我的梦想。"

就这样，夏伯渝将癌症抛在脑后，放疗期间，就慢慢恢复了锻炼。他要用锻炼与病魔进行斗争，并一定要战胜它。尽管放疗使他吃不下饭，还伴有恶心、全身无力、红细胞减少等诸多副作用，他也没有住在病房里，而是坚持晚上骑车回家，做一些简单的健身活动，第二天一早再骑车去医院做治疗。因为病房里住的都是癌症患者，每天都会有愁容满面的家属围在床边，他不想让他们的情绪影响到自己，因为，他还要去登珠峰。

为了实现再登珠峰的梦想，他为自己制订了详细的登山训练计划。每天早上 5 点起床，在家里做一个半小时的力量和体能的训练，包括负重 10 公斤沙袋下蹲，共 10 组，每组 150 次；负重 4 公斤仰卧起坐，6 组，每组 30 次；负重 4 公斤做背飞，6 组，每组静止不动 50 秒钟；俯卧撑，6 组，每组 60 次。

除了在家的力量训练外，每周一、三、五下午，夏伯渝还要打乒乓球。打乒乓球的目的不是比赛，而是加强体能的一种训练。他不打旋转球，也不打搓球，主要就是全身用力的大力扣杀。汗水不但把裤子都弄湿了，而且滴到地上的汗水都可以连成片，经常要用墩布把地上的汗水擦干，否则很容易摔倒。假肢的硅胶套里都可以倒出很多汗水来。每周二、四、日，他还要登香山，到山顶后把假肢脱下来，把硅胶套里的汗水倒出来擦干硅胶套，再调整调整假肢的角度后开始下山。因为假肢不能跑步，跑步对小腿产生的冲击力很大，他就快速行走，速度为 10 分钟每公里。每周还要骑车 6 次，每次 50 公里，几十年来一直坚持不懈的锻炼，他身体各部分的力量和体能都保持得很好。癌症也得到了控制没有复发，每年体检他身体的各项指标均正常。

岁月在这里放慢脚步，他依旧带着二十几岁小伙子的神采，就像昨日才刚刚攀登珠峰归来。

只
要
山
在
那
儿
，
我
就
一
定
会
回
来

直到 2003 年，夏伯渝才有了一副像样的假肢，他的登山梦终于可以付诸实施。

2003 年像是一个时间节点，这一年中国登山协会组织了纪念人类登上珠峰 50 周年的攀登珠穆朗玛峰活动，夏伯渝只要有时间就会看直播。同年 7 月，他参加了中国登山协会组织的攀登雾灵山活动，克服重重困难，直达顶峰。也是 2003 年，他得知一位失去双小腿的新西兰人马克·英格利斯计划不久后攀登珠峰的消息，既羡慕又着急。

攀登珠峰的行程终于被提上了时间表。28 年了，除了坚持不懈地锻炼以提升和保持体能外，夏伯渝只攀登过香山、泰山等旅游景点的山峰，再没有登过高海拔的雪山。年过半百，没有双小腿又要靠假肢攀登，困难重重，难以想象。

2008 年，夏伯渝受邀参加了珠峰志愿者行动，前往珠峰大本营为奥运火炬加油助威。33 年后，与珠峰阔别重逢，激动兴奋到无法抑制，这样的情境，他曾梦到过多次。

远处的珠峰依旧磅礴巍峨，只是山脚下的人早已褪去了年轻时的锐气，多了岁月磨炼下的睿智和两鬓的斑白。

2008 年 7 月，攀登玉珠峰，对自身体力和适应性进行检验，体验了穿假肢攀登雪坡的感觉。

▲ 骑车出行假肢脱落

▲ 登香山

▲ 第三届残运会乒乓球比赛

▲ 骑自行车

▲ 俯卧撑

▲ 弹簧拉力器练习

▲ 2008年 重逢珠峰

2012 年 6 月，攀登慕士塔格峰，积累了为假肢穿上踏雪板攀登的经验。

2014 年 1 月，攀登巴郎山，成为当年 4 月攀登珠峰前一次很好的锻炼机会。

2014 年 4 月 11 号中午 12 点 10 分，经过 9 天的徒步，在向导指引下，夏伯渝到达珠峰南坡（尼泊尔一侧）大本营。大本营是沿着孔布冰川一条狭长山谷的边缘建立的，两侧都是高耸的雪山。

孔布冰川是攀登珠峰最危险、最可怕，也是最艰难的地段，冰崩、雪崩随时都有可能发生，大大小小的冰裂缝随处可见，还有冰雪壁笔直地挺立在面前。在这条必经之路上不但拉有路绳，还架设有十几架金属梯，但即便如此，每年都会有人在此遇难。

夏伯渝一行原本计划在大本营休息 3 天后，前去攀登海拔 6200 米的罗布切山，并往返攀登到珠峰 C3 营地，以此作为高山适应性拉练，之后在大本营等待好天气冲顶。因为夏伯渝对尼泊尔当地饮食不习惯，心率和血氧含量都不是很好，外加高山反应，有些过敏、胃疼和拉肚子，又患上了丹毒，全靠吃药压着。这样的境况，使他们不得不延迟攀登计划，在营地中多休息几日。

4 月 18 号，在夏伯渝到达大本营的第 8 天，意外发生了。

夏伯渝回忆道："虽然每天不管是白天还是晚上，都能听见冰崩和雪崩的声音，就好像打雷一样，但是当天凌晨三四点钟的时候，我又听见一声雪崩的声音，特别响特别近，时间也很长。如果是白天，站在营地应该就可以看到。"

早上起来就发现五六十米远处的直升机停机坪旁站着很多人，直升飞机在孔布冰川上方盘旋，一会儿就吊起一个人来送到停机坪上，被送过来的人用塑料布裹好再用绳子绑上放在一边，再由另一架直升机把每两个裹好的人和一个陪同人员运离大本营。

此刻的夏伯渝还不明白究竟发生了什么，由于语言不通，夏尔巴厨师丹迪只好用肢体比划，用手指了指孔布冰川，又用两根手指做出走路的样子，然后把眼睛一闭伸出舌头、头一歪，嘴里还说了些什么，但是夏伯渝只听懂了"夏尔巴"三个字。

凌晨时的那一声巨响是孔布冰川发生雪崩的声音，瞬间夺去了 16 位为登山者修路的夏尔巴向导的生命，并有 3 人受重伤，这是尼泊尔史上最大的山难。直升机正在全力以赴地救人。

雪崩下埋葬的生命令所有人惋惜和遗憾，可是被埋葬的梦想，怎么办？

两天后，夏伯渝身体状况明显改善，并按原计划，前去攀登罗布切山进行适应性训练。

由于假肢没有像常人一样可以随时调节角度的踝关节，只能上山调整一次角度，下山时，调整一次角度，固定死，动不了。如果随着山的坡度变化不停地调整，不仅浪费时间而且很容易冻伤。因此，攀登过程中，只能用脚尖踩在地面上，与地面接触面积很小。

健全人可以通过脚腕迅速调节身体的平衡，但是假肢没有感觉，不仅得不到有效的反馈信息，就连失去平衡的动作也要传递到膝关节时才能感觉到，而此时身体晃动的幅度已经非常大，必须快速采取措施，只能用手中的登山杖或冰镐做支撑，并用全身的力量来保持平衡，防止摔倒，用假肢攀登比健全人至少要多付出 1/3 的体力。

罗布切山的山体特别陡，攀登大块的陡峭岩石壁时，假肢只有脚掌前的一小部分登在岩壁上，每当发力向上登时，不仅打滑，假肢还会原地打转，这一转动对膝关节的摩擦力特别大，生疼生疼的。

罗布切山的适应性拉练取得了预期的效果，曾几度登顶珠峰的向导巴桑告诉夏伯渝，只要天气好，登顶珠峰没有问题，这进一步增强了他登顶珠峰的信心和决心。

然而，回到大本营后夏伯渝才得知，由于前几日的山难，尼泊尔政府取消了 2014 年攀登珠峰的活动，所有登山者都要尽快撤离回国。夏伯渝不得不离开，在下撤的路上，他一次又一次地回望珠峰，一位年过半百的老人，眼中的那份失望与遗憾让整个归途一片黯淡。

原本计划 2014 年能够实现再登珠峰的梦想，之后好好享受晚年的幸福生活，到了最后时刻，却化为了泡影。

夏伯渝继续走在为梦想努力奋斗的路上，加紧锻炼，从头再来。

　　经常会有人问："人为什么要登山？"珠峰登山先驱、伟大的英国探险家乔治·马洛里这样回答："因为山在那里。"当我们问夏伯渝："为什么要重登珠峰？"他说："因为它在我的梦里。"

　　"这辈子，我只有一个梦想，那就是重登珠峰。只要山在那里，我就一定会回来，我不会放弃我的梦想！"

地震，震碎我的登山梦

为了继续实现梦想，2014 年 5 月，夏伯渝又开始了训练，同时筹划 2015 年攀登珠峰所需的资金赞助、装备补充和假肢改进等事宜。

不少人对夏伯渝 2015 年再次攀登珠峰的决定提出质疑，他说："世上有很多人为了自己的梦想和爱好甘愿冒风险，为了梦想和爱好肯定也会有一些舍弃、付出甚至牺牲。我遇到的困难和风险肯定会更多，付出的也会更大，为了我的梦想，我将直面这些困难和风险，自强、自信、勇往直前、决不放弃，不管最终的结局如何，我都会继续努力、继续奋斗、继续拼搏直到实现我的梦想，努力实现自己的人生价值。"

像每次出发前一样，夏伯渝把所有要交代的事情都向家人交代清楚，以防万一，但是妻子和儿子只能说一句"平安归来"！

2015 年 4 月 1 日，夏伯渝再次启程前往尼泊尔，从南坡攀登珠峰。

4 月 12 日天慢慢地亮起来的时候，夏伯渝一行攀登到了岛峰的雪线，开始攀登珠峰前的锻炼，他换上攀冰雪用的假肢。这种假肢底部是一个个尖锐的冰爪，可以插到冰面里，防滑性能非常好，而且比攀岩假肢重量轻了很多。

▲ 登上珠峰，是我一辈子的梦想

　　刚开始的雪坡比较平缓，越往上越困难。首先遇到的是一道三四米宽、很深的冰裂缝，裂缝上架有梯子，紧挨着冰裂缝的就是一堵七八米高，几乎90度的冰墙。这堵冰墙不是硬雪形成，而是真正的冰，特别的硬，冰壁上拉有安全绳，必须使用上升器，还要把冰爪前面的两个利齿使劲踢进冰层中，一点一点慢慢地往上登。

　　爬上冰壁，前面就是一道只有30厘米宽的山脊，一侧是一道很大的冰裂缝，另一侧就是悬崖。幸亏山脊不算陡，只有三四十度，上面还拉有安全绳。夏伯渝便把安全带挂在绳子上，手脚并用地往上爬。

　　来到雪坡上，离顶峰就不远了，但也要通过一段只有30厘米宽、四五十度的近50米长的山脊。山脊的两边都是悬崖峭壁，非常危险。夏伯渝查看了安全带是否挂好，然后也是手脚并用小心翼翼地往上爬，两眼根本不敢向两边看，只是死死地盯住前面的窄山脊。因是爬行，所以只有假肢前面的两个钉子能扎进雪里，又因假肢没有感觉，每挪一步他都要低头向后看看假肢踩的地方，千万不能踩偏了，不然就很危险，就这样一点一点、一寸一寸地慢慢向上爬。

　　终于在早上9点40分，用了六个多小时，夏伯渝登上了只有三四平方米，坡度30度的山顶。登顶岛峰成功的喜悦感，让他完全忘记了疲劳，忘记了危险，这是他第一次用假肢真正登上的海拔6000米以上的山峰。

　　此外，夏伯渝整体感觉也比上一年要好，身体上没有出现病症。向导巴桑再一次祝贺他，从之前攀登罗布切山和近几日攀登岛峰来看，他的身体素质完全可以登上珠峰。夏伯渝信心满满，前往珠峰大本营等待登峰时机。

　　然而，夏伯渝似乎拥有所有人都无法理解的"运气"，命运总要为他设下这样或那样的关卡，让他本就不易的人生变得异常艰难。老天爷愿意把登顶珠峰的尊荣授予那么多的登山者，却唯独不愿意分一点点荣光给夏伯渝。

　　4月25日，下午两点多一点，忙碌了大半天的夏伯渝正和一个队友在帐篷里准备吃饭。忽然地动山摇，紧接着就听见冰崩雪崩的声音在四周响起，跟打雷似的，震耳欲聋，他立刻意识到可能地震了。

　　两人赶紧跑出帐篷查看。只见远处冰崩雪崩产生的冲击波滚滚而来，排山倒海，

▲ 叱咤意大利世界攀岩锦标赛

所向披靡。夏伯渝拿着手机正准备拍，冲击波一下就到了眼前，吓得两人赶快钻进帐篷。

刚钻进去，冲击波就过来了。"哗"的一下就把帐篷吹歪了，整个帐篷都在使劲摇晃，那些雪粒夹着小石头块儿打在帐篷上噼里啪啦地响。"完了，没办法逃跑，等着雪崩过来把帐篷压倒，我们就只能被冰雪活埋了。我整个人都绝望了，什么也不想，就闭着眼睛抓着帐篷杆等死。"

这个过程大概持续了一分多钟，但对于夏伯渝来说却漫长如一个世纪，不知道什么时候会结束。就在某个刹那，昏暗破碎的世界安静了下来，什么声音都没有了，死一般寂静，让人心里一寒。

夏伯渝扯开帐篷一角向外看，几乎被眼前的情景吓住了。白茫茫的一片，也分不清是雾还是云，仿佛世界末日一般。他们的营地前面还有几顶帐篷，再往前就只剩一片废墟，什么都没了，十分惨烈。

有的帐篷被冲击波冲到高处，人都在帐篷里，也连着一块冲了上去，掉下来就摔死了。有些人是帐篷倒了以后被冲击波冲下来的雪块石块砸伤，躺倒在地，鲜血直流。

整个营地如同遭遇了洗劫一般，一片狼藉。此时，大本营与外界的联系全部中断，救援直升飞机飞不进来，唯一的办法只有自救，没有受伤的人去救那些受伤的人。

夏伯渝的队友有一个卫星电话，但信号很微弱，时断时续，他给家人打电话报平安，打了 10 分钟才打通，就说了两句话："地震了，我挺好的。"

不幸，又一次，悲剧再次上演；万幸，有惊无险地度过灾难。可是，真的挺好吗？被震碎的梦想怎么办？

一个多月前，再次出发攀登珠峰的时候，老伴已经给他下了最后通牒，最后一次，再不能登了，他答应了。已经 64 岁了，他可以感受到身体各个部位的老化，维持日常的力量训练已经有些吃力，况且还要加大训练强度，才能尽力保持体能和力量。

登上珠峰，是他一生的梦想，他一生就这么一个梦想。为了这个梦想，他已经奋斗四十年了，整整四十年了。而此刻，地震了，谁都没有料到的地震，不早不晚，震碎一个老人一辈子的梦！

"为什么老天这么不公平？总会遇到这么多的不顺利。2013 年，不慎摔伤的腿让登珠峰的计划泡汤；2014 年，孔布冰川的雪崩夺去 16 名夏尔巴向导的生命，迫使尼泊尔停止了当年的所有攀登活动；2015 年，第三年了，难道真的要又一次无功而返吗？"他一遍遍在心中问道。

他不想就此放弃，也许等地震过去，还是可以继续登山的，再等等看！

整整八天，他盼望着转机，直到营地只剩下他一个人傻傻地等待，最后也不得不离开。

离开之前，他站在帐篷外，望着珠峰，久久地，一直望着。珠峰，和四十年前一样迷人、高大、磅礴，静默不语。

"珠峰，早已融入我的生命。只要你还在这里，明年我一定还来！"

那一刻的选择

幸或不幸，夏伯渝两次躲过灾难，却也两度与梦想失之交臂。

夏伯渝心态很平和，也很乐观。他说："我没有过人之处，也从未想过要创造奇迹，我只是一个平凡而纯粹的追梦者。我喜欢登山，和许多职业登山者一样，有一个登上珠峰峰顶的梦想。只是我的运气总是要差一些，命运总爱跟我开玩笑，出难题。虽然曲折，但我永不放弃。"

2016 年，"无腿勇士"夏伯渝再登珠峰送行会上，他的香山山友把悄悄凑来的两万块钱塞到他怀里。"我们没有能力赞助你登珠峰，这是给你准备的往返机票的钱。能否成功登顶不重要，一定要平安回来。俗话说，'穷家富路'，老夏，拿好盘缠！"

夏伯渝一向不接受山友们的资助，他更愿意联系赞助商，因为他可以给他们做宣传。可是这一次，却推拒不掉。接过沉甸甸的捐款，夏伯渝在会场哭成了一个孩子。

2016 年 4 月，再次出发。夏伯渝说："唯一希望的就是今年风调雨顺，能顺利完成梦想。其实，我经常会做梦，梦见登上珠峰的情景。我有预感，今年会成功的。"看着他那纯粹的笑容，所有人都为他送上了祝福和好运。

出发前夜，夏伯渝在帐篷外，独自一个人在接近零下 30 摄氏度气温的黑夜里坐了

珠峰脚下的夏伯渝

▲ 2016年5月18日，夏伯渝向珠峰进发

▲ 冲击峰顶

很久很久。

这是他第四次向珠峰发起挑战了，也许是他最后一次了。就在几个月前，尼泊尔政府宣布将不再接受残障人士攀登珠峰的申请。

夏伯渝已经65岁了，年过花甲又多五载春秋，这个梦想已经41年了。"老天爷也该让我圆梦了吧？这一次，哪怕粉身碎骨也要达成！梦想总是要实现，愿望总要实现，但愿今年风调雨顺。"

凌晨1点，组装好假肢，整理好装备，关上帐篷的门，小心翼翼地把拉链拉好。真的要出发了！此刻，天气非常好，满天繁星，一丝风都没有，是一个好兆头。

进行完煨桑祈福仪式，整个团队正式出发。他对随行人员笑道："终于开始了，这就踏实了。"

"之后的路途，还有怎样的挑战，我不知道，但我会继续。任何时候登山，尽管路很陡，很危险，我心里只有一个想法："上！"从来不想别的。"

要通过的第一个关口就是孔布冰川，这是他第一次攀越孔布冰川，每一步都要绷紧心弦。

踩在横梯上，横梯下是一眼望不到底的冰裂缝，横梯在晃，两侧绳子也在晃。夏伯渝死死地盯住冰爪和横梯的每一步接触，确保踩稳、踩到位置，再走下一步。就这样，一步步攀过数百级阶梯。然而，对于夏伯渝，更难的却是没有架设横梯的小的冰裂缝。那些冰裂缝说宽不宽，说窄不窄，健全人可以通过小腿肌肉用力一跃而过。可是，带着假肢，根本跳不起来，只能慢慢地跨过去。但这样一来，就会比正常人消耗更多的时间。

在孔布冰川上，每多待一分钟，就多一分危险。他咬咬牙，狠狠心，"不走了，大不了我爬过去。"为了节省时间，他不得不双手双腿并用。整整用了六个小时，才总算通过了珠峰南坡这段最危险的路段。

通过孔布冰川前往C2、C3营地的许多路，一侧是大雪坡，一侧是无底深渊。每走一步，他都得用尽全身力气踢冰面，把冰爪狠狠地磕进冰面，尽可能结实地插进去。如果插得浅了，不结实，一下子就会滑下去。

那些雪特别深的地方，一脚踩下去，会没过大腿，夏伯渝根本没有办法像正常人一样抬腿把腿拔出来。他只能躬身跪下，用膝盖压住雪面，使劲踢雪，慢慢地把雪给踢掉，然后用双手支撑着身体一次次艰难地爬起来。

艰难的四天，一路向上。迈出的每一步、升高的每一米，都是他四十多年不间断训练的血与汗。

5月13日凌晨，当许多人还沉浸在梦乡的时候，夏伯渝在海拔7900米的珠峰南坡C4营地，大风呼啸，气温接近零下30摄氏度，等待着冲击珠峰顶峰的最佳时机。凌晨两点，大风终于停止，夏伯渝一行出发了。这段最后的冲顶之路，他早已迫不及待。

大雪坡上所谓的路，只是前面走的人踩出来的印子，不到20厘米，两侧就是陡峭的山体。走的时候每一步都必须全神贯注，必须踩在20厘米以内。如果一脚踩到"路"面以外很松的雪，就非常可能踩空滑落，滑下去就是万丈深渊，必死无疑。

一夜大雪，前人的脚步早已被掩埋，连所谓的"路"都难寻痕迹。雪也更深了，没过大腿，走一步陷一步，跪下踢雪，再爬起，争分夺秒，艰难前行，眼睛紧盯着头灯仅能照亮的脚底的那一点。

走到海拔8700米的时候，太阳刚刚升起，便刮起了风，好在风还不算很大。

上午9点左右，历经万难，夏伯渝终于到达紧挨着最高峰的南峰。此时，狂风已经呼啸起来，卷起积雪，让原本近在眼前的最高峰瞬间消失，甚至一米开外的地方都看不清楚，连站直身体都十分困难。假肢本身就不稳，夏伯渝的身子在风中摇晃得厉害，小腿被假肢磨得生疼，不到20厘米宽的路，哪里还能再向上迈一步？

夏伯渝蹲在地上，一动不动，暂时避一避，可这哪里是办法？即使没有滑落，狂风和低温也会把人冻死。

此时已经处在海拔8750米的位置，距离顶峰不足100米。如果坚持继续走下去，狂风会将原本两小时的路程拉长到五六个小时。不仅登顶过程非常危险，暴风雪中太晚下山，对于任何人都会是九死一生的事情。

斜前方的一片黑压压的乌云离他们越来越近，风也越来越大，夏尔巴向导不断地重复着一个单词——"Dangerous, dangerous（危险，危险）……"着急地摆手，做出吐露舌头象征死亡的表情。

▲ 从珠峰下撤

▲ 巅峰只差一步之遥

是上，还是下？无数个声音冲击着夏伯渝的大脑，然而他必须清醒，必须在短短几分钟内做出决定。

登顶珠峰是他一辈子的梦想，唯一未圆的缺憾。他不怕死，多少次和死神擦肩而过。为圆梦再最后一搏，死而无憾，这何尝不是人生的一大快事。

可是，一回头，狂风席卷下白茫茫的天地里，五名夏尔巴向导都眼巴巴地看着他，他们都是二十多岁的小伙子。如果他继续攀登，他们一定会一起向上，他将把他们也同样带入极其危险的境地。

"六个人中只有我最弱，也只有我最有可能发生意外，如果我出现什么危险，五位小伙子一定会义无反顾地救我，但是海拔 8750 米的高度，想要救下一个人并安全带下山，几乎是不可能的。如果他们为了救我而发生什么危险，连累五位小伙年轻的生命，我夏伯渝这辈子都会不安的，即便实现了自己的梦想。"

"如果此刻只有自己一个人，我一定会奋不顾身地冲上去，将珠峰踩在脚下，哪怕只是欣赏一秒的风景就倒下，我也心甘情愿。可是，我不是一个人，我不能为了自己一个人的梦想，以五个年轻的生命为代价来冒险。"

再次朝峰顶的方向望了望，什么都看不清楚，只有白茫茫一片。狠了狠心，转身。"下！"虽然只有一个字，却在夏伯渝脑海里千回百转。

夏伯渝心中的天平偏向了五个年轻的生命，他这一次的登山梦，最后止步在海拔 8750 米，距离顶峰不足 100 米。

有时候做出放弃的决定，甚至比登山的决定更困难，需要更大的勇气、决心和意志。

那一刻的选择，夏伯渝人生的高度早已超越海拔 8848 米。

董卿：如果当年他和他的队友一起登上去了，可能就没有今天这个故事了，也没有这样一种动人的力量在这里。命运真的是永远超乎你的想象，因为他是当年遭遇不幸的那一个，而有时候伟大源自苦难。

听音者——刘浩

第二章

扫一扫，看刘浩精彩挑战全程

刘浩，盲童。

2007年摘得中国第一届中华情艺术风采国际交流大赛电子琴专业少儿A组金奖。

2009年参加德国舒曼钢琴大赛，获得北京赛区第一名，亚太赛区第三名，总决赛季军。

2016年"生命在继续"慈善晚会"塔拉奖"获得者。

在这些与正常孩子同台竞技的舞台上，刘浩从不显得弱势，他甚至表现得比绝大多数正常孩子还要优秀。

这位在音乐道路上越走越远的少年，虽然看不见，但他从不抱怨，只会更加努力。

刘浩出生在内蒙古赤峰市一个普通的工人家庭。因为早产，在保温箱里输氧过多，以至于视网膜病变，导致失明。三岁时，一个偶然的机会让母亲意识到儿子在音乐认知方面的兴趣。为了让儿子以后能有一技之长，能养活自己，母亲康桂芹跑遍了赤峰所有的琴行为刘浩寻师，但始终毫无进展。

康桂芹的坚持感动了一所音乐学校的校长刘永学，他决定教授这个特殊的学生，并且分文不收。在专业老师的指点下，刘浩的电子琴水平突飞猛进，甚至在与正常人同台竞技时仍然不落下风，获得了全国级的音乐大赛电子琴专业组的金奖。在此之后，刘浩转向学习钢琴。

为了能够找到更好的钢琴老师，母子俩听从刘校长的建议，前往北京求学。但两眼一抹黑的母子俩处处碰壁，几乎到了山穷水尽的地步，只能回到赤峰。大半年后，他们重新踏上开往北京的火车，并在某基金会的帮助之下找到了专业的钢琴老师。刘浩的音乐之路又出现了转机。

刘浩的故事感染了很多人，2009年导演严高山以刘浩的真实故事改编了电影，并由刘浩本色出演。

极限听音

第一次站在《挑战不可能》的舞台上时，刘浩只有 14 岁，但他并不像很多同龄人那么活泼好动，这个头上已经有很多光环的少年看起来很安静。

刘浩穿着普通的白色衬衫，戴着耳麦，站在舞台中心，并不显得慌张，乍看上去稍微有些特别，可能是因为他看不见。

在《挑战不可能》的舞台上，他挑战的是"听音辨杯"。

"听音辨杯"：选择 30 个大小不同的玻璃杯，向每个玻璃杯中分别注入不同的水量，通过指腹摩擦杯沿使其发声。刘浩，要在同时发声的多个玻璃杯中将其准确辨认出来，答对所有玻璃杯的序号，才算挑战成功。

当刘浩的挑战道具推上舞台时，主持人、嘉宾以及现场所有的观众都发出了惊呼。30 个相同大小、装着不同水量的玻璃杯一字排开，场面十分震撼。

只有刘浩，仍然安静地站在聚光灯下，面色沉静。

为了更好地帮助大家理解"听音辨杯"这个项目的难度，著名歌手，同时也是多年从事音乐制作的音乐人周华健不惜"以身试法"。虽然挑战助手只是单独摩擦一个玻璃杯的杯沿，但这对于周华健来说，几乎已经是不能攀越的高峰了；在 30 个音色和

▲ 刘浩和撒贝宁在一起

▲ 刘浩凭借自己敏锐的听力，轻松"战胜"了周华健

音高极为相似的玻璃杯中，他彻底地"迷路"了。尽管最后他选择的水杯和正确答案处在同一音区，但还是遗憾地挑战失败了。

但当撒贝宁询问刘浩时，他迅速地说了正确答案。对于刘浩来说，这只是牛刀小试。

他正式的挑战项目，是通过聆听多个玻璃杯同时发声之后，清晰地辨认出每个发声的玻璃杯。当挑战正式开始时，5 位挑战助理同时摩擦玻璃杯使其发声。

一时间，"噪声"响彻了摄影棚。这种毫无规律可循的混合音调像是唐僧的紧箍咒一般，让在场所有人牙根发酸。他们不由自主地将视线集中到了刘浩身上。

他们的心都惴惴不安。

但刘浩用他不符合这个年纪的成熟轻而易举地抚平了这种不安。只听了一遍，他便微笑着示意，自己已经全部辨认出来了。

他说出正确答案的时候，语速不快，但声调平稳，毫无波澜。我们不得不怀疑，他内心的世界是一方平静的湖泊，只有音符的投入才能让其泛起涟漪。

也许是刘浩看起来太过镇定自若，他这种一往无前的气势甚至激起了嘉宾心中的好奇！为了检验刘浩听力的极限，李昌钰博士将挑战难度最大化，选择了序号相连的 6 个玻璃杯，开启了刘浩的第 2 轮挑战。

事实上，挑战道具的 30 个玻璃杯并不是完全不同，而是共有 6 种型号，但同一型号玻璃杯的水量又有着细微的差别。因此，李昌钰博士所选序号相连的 6 个玻璃杯音色极其相似，这将对刘浩的挑战造成极大干扰。

挑战助手用手指摩擦杯沿，使玻璃杯发声。每个玻璃杯发出的声调和音色都极其相似，常人根本无法分辨。我们甚至很难从中提取出多种声音，蜂拥入耳的只是嘈杂紊乱，听起来只能用刺耳来形容。

这急剧上升的难度会不会击败他？刘浩站在舞台中央，大声而有力地说："我不怕！多难的我都敢挑战！"

他真的成功了！

尽管刘浩花费了比第一次挑战更长的时间，但当他又一次将答案准确无误地报出时，全场响起了雷鸣般的掌声，刘浩也露出了开心的笑容。

或许是因为刘浩的成功看起来实在是太过轻松愉悦，以至于嘉宾提出要为刘浩再次加试。

加试的挑战显得更为困难。由于刘浩之前进行挑战时，30 个玻璃杯是以低、中、高三个音区为划分基础，由低到高依次排列的。为了排除在上台之前刘浩已经将这些杯子的排列组合烂熟于心的可能，加试时要将舞台上的 30 个杯子顺序打乱、重新排列，让刘浩现场再记忆一遍。

此时，对刘浩的考验已经不仅仅停留在他对声音的敏锐程度上了，更是将他对声音的记忆能力也纳入了挑战的范围。对于这样一个提议，刘浩沉默了两秒，复而又挂上了我们熟悉的那种微笑，"没试过，试试。"

整个摄影棚都为他的勇气而鼓掌。

但评委们比我们想象的更"狡猾"。他们不但将玻璃杯随机调换顺序，甚至调整了几个玻璃杯内的水量，目的是进一步提高挑战的难度。

如此突然的加试给刘浩造成了一些困难。

在这次挑战中，他起初的判断出现了失误，从他紧紧抿住的双唇可以看出他的踌躇和困惑。但他并不着急，又一次的深呼吸，静气凝神，摒除杂念，侧耳聆听。

最后，他坚定地报出了所有的正确答案！

又一次不可能的挑战被实现了！

刘浩的表现折服了所有的嘉宾和观众，他们起立鼓掌，欢呼呐喊。但挑战成功的刘浩并没有显得欣喜若狂，他站在原地，脸上依然是我们熟悉的微笑。

安静而稳重。

　　刘浩出生在内蒙古赤峰市一个并不富裕的家庭。在他之前，家中已经有一个姐姐了。但不幸的是，姐姐在智商上有些问题。为了以后有人能够照顾智力有障碍的姐姐，康桂芹夫妻俩才决定，再要一个孩子。

　　没想到，30多岁的康桂芹怀上了三胞胎。

　　刘浩是三胞胎中的老大，也是三胞胎中唯一活下来的孩子。因为营养不良和早产，老二和老三出生后没撑过半个月，相继夭折，只有小刘浩在出生后，靠着在保温箱中连续吸氧21天，才勉强挣脱了死神的魔爪。

扫一扫，听**刘浩妈妈**讲述感人故事

但厄运仍然笼罩着这个家。刘浩的父母发现，3个月大的儿子眼睛不会随着玩具移动，毫无焦距。他们忐忑不安地带着儿子去了医院。

这一次，刘浩被检查出因吸氧过量而造成视网膜病变。

他成为了盲童。

在这之前，刘浩曾是这个家庭唯一的希望。但现在，失明的刘浩成为了最后一根"稻草"，几乎压垮了这个家。

康桂芹不明白，她到底做错了什么，才会让她的孩子们都遭受这样的折磨？最绝望的时候，一家人甚至试过自杀，但小刘浩撕心裂肺的哭声让父母狠不下这个心。

既然死不了，那就好好活。夫妻俩都暗下决心，一定要让自己的孩子和正常孩子一样幸福快乐地长大。

3岁时，命运被撬开了一丝缝隙。小刘浩能够用妈妈给他买的只有7个键的玩具琴弹出他只听过一遍的曲子，这让全家人喜出望外。康桂芹说："他越是看不见，越得让他学一技之长，以后能照顾自己，不能什么都指望着国家。况且，他是个这么聪明的孩子。"

她决定，无论怎样，她一定要给小刘浩找一位音乐老师。

但就连康桂芹也没有想到，这条求学之路会如此艰难。

那一年，只要家中没有大事，她就会带着刘浩去赤峰的各家琴行里寻找电子琴老师。一次次的登门拜访，换来的只有一次次的碰壁而归。

琴行在了解到刘浩看不见后，他们总是摇摇头，叹一口气，"我们这没有教这种孩子的经验，实在是抱歉。"

康桂芹给自己打气，她绝不能灰心。

天气好的时候，母子俩就一同出门；如果是雨雪天气，康桂芹就会将小刘浩安置在家里，自己去找琴行。他们断断续续找了一整年，几乎踏遍了赤峰市所有挂着和音乐有关的招牌的店铺。

但就是没有人教小刘浩！

康桂芹看着自己儿子稚嫩的脸庞，无助到了极点。

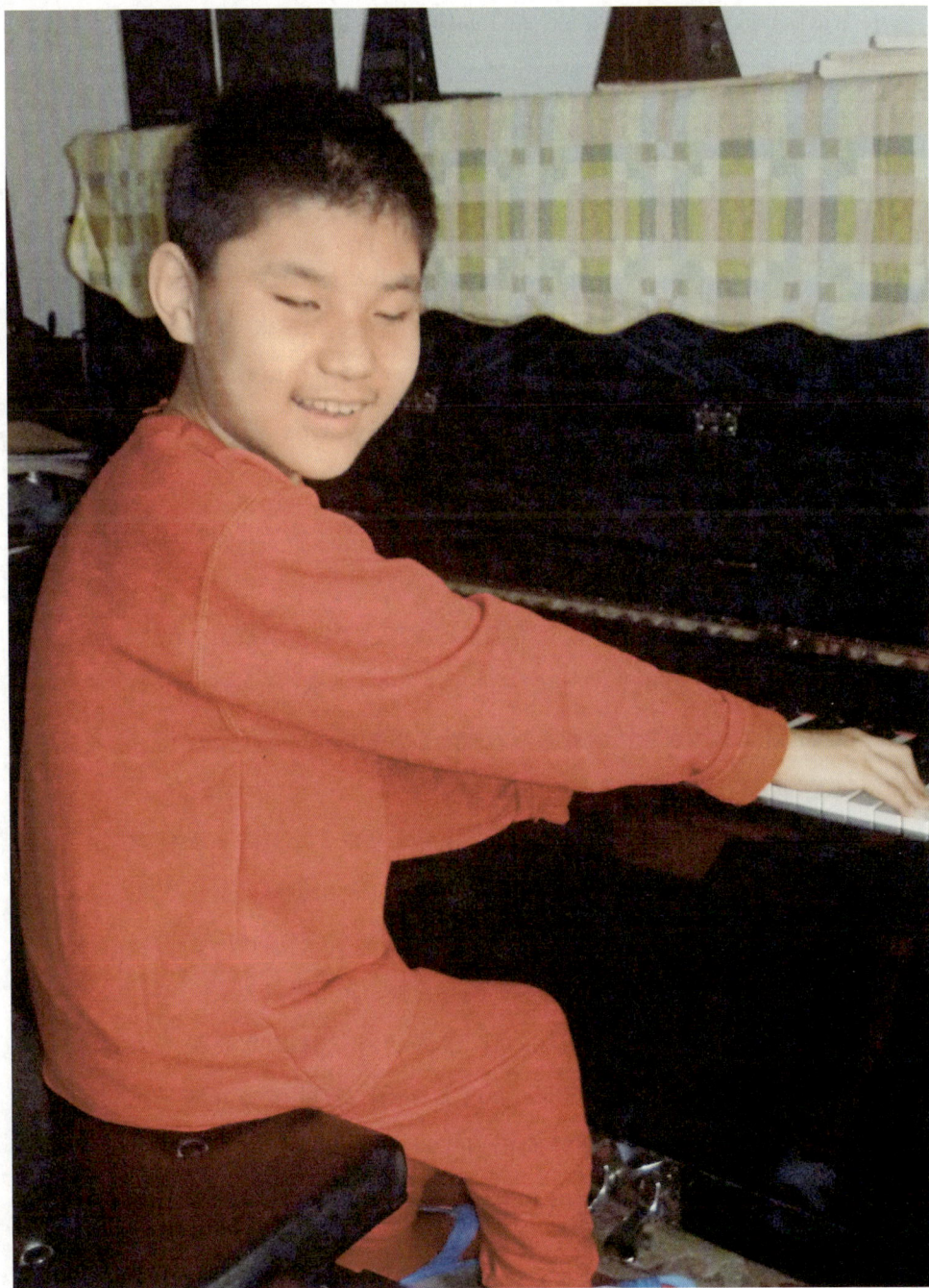

▲ 因吸氧过量而造成视网膜病变失明

　　一个很偶然的机会，他们被介绍给了赤峰市一所音乐学校的刘永学校长。他们求学的经历感动了刘校长。面对这样一个酷爱音乐的孩子，刘校长毫不犹豫地答应教他学琴，并且不收一分钱。这一次，小刘浩终于拥有了自己的电子琴老师！他如鱼得水，电子琴水平进步得飞快。在摘得全国比赛的金奖之后，刘校长建议小刘浩去北京学习钢琴。

　　但是没有钱，又不认识人，吃住该怎么办，又怎么去找钢琴老师？

　　康桂芹没管这些，母子俩毅然地去了北京。在北京，母子俩风餐露宿吃尽了苦头。

　　第一次去北京求学，所有家当就是家里的二手电子琴和妈妈身上不到300元的现金，毫无头绪的母子俩没钱吃饭，也找不到住的地方，一天到晚就在北京的大街上像无头苍蝇似的打转，就差沿街乞讨了。无奈只好返回赤峰老家。

　　康桂芹明白，儿子心中揣上了一个宏大的梦想，为了满足儿子的心愿，她毅然决定再次去北京求学。

　　等到第二次去北京的时候，总算是把小刘浩送进了盲童学校上文化课，但因为家里没钱，租的出租屋就是用石棉瓦搭起来的小棚。屋子特别小，就能放下一张单人床，连窗户也没有，上厕所或者洗澡都要到外面去。有时候康桂芹忙不过来，就会给小刘浩准备一个空的塑料瓶，就当是尿壶了。

　　在刘浩和郎朗合奏演出之后，南京的一家琴行赞助了小刘浩一架钢琴。这可把母子俩愁坏了，家里根本就摆不下这架钢琴。为了放下这架钢琴，康桂芹想方设法地找了很多房子，最后总算是找到了一间一个月房租350元、大些的屋子。

　　说是大，但其实也就是勉强能放进一架立式钢琴和一张单人床。但这个屋子糟糕的地方多得很，它漏雨漏得厉害，还透风。下雨的时候练琴是最折磨人的，刘浩坐着练琴，妈妈就举着塑料盆在他头顶上接雨。有时候小刘浩一练就是一个小时，妈妈就举着盆接一个小时的雨。

　　因为屋子里没有暖气，冬天就成了母子俩最怕的季节。为了不影响胳膊的灵活度，妨碍练琴，刘浩不能穿大棉袄，但这样实在是太冷了，往往一首曲子还没弹完，手就冻僵了，根本没法再继续练琴。起初康桂芹就接热水，放在钢琴旁边，嘱咐小刘浩要是手僵了就去热水里泡会儿。但这数九寒冬的，一盆水的热气连10分钟都保持不到，往往刘浩弹了两首曲子不到，康桂芹就得换上一盆水。这样非常麻烦，而且十分费水。后来还是母子俩一起想到一个办法，在小刘浩的身上绑上一个热水袋，塞在衣服里头，要是弹琴时手冻僵了，就把手伸进去焐上一会儿，等暖和了再继续弹。

为了维持屋子里的温度，康桂芹把出租房的缝隙都拿报纸糊上，又用上煤炉子。虽说味道难闻了点，但确实要比之前暖和许多。

没过多久，因为长时间高强度的练琴，甚至连最基本的睡眠时间都不能满足，小刘浩突然病倒了，发起了高烧。祸不单行，就在这一天，康桂芹在起床时突然觉得天旋地转，她身体一软，直接晕倒在了冰冷的水泥地上。

听到声音的小刘浩惊惶失措，他大声喊着妈妈，却没有人回应他。小刘浩摸索着下了床，还没走上两步，就碰到了妈妈的身体。妈妈没有穿外套，全身很快就冷了下来。无论小刘浩怎么摸着妈妈的脸流眼泪，康桂芹都毫无动静。

过了好长时间，妈妈才苏醒过来。她发现自己躺在地上，儿子正在号啕大哭。这让康桂芹内心十分不安，她不能死！刚醒过来的康桂芹全身还使不上力，哆哆嗦嗦地拨通了学校班主任的号码，为小刘浩请假。班主任陈老师一听就发觉不对劲，他着急地询问刘妈妈到底发生了什么事，并在了解情况后，马上赶来了。

在等待陈老师的时间里，康桂芹抱着自己的儿子，浑身发抖。她仍然晕得厉害，这让她害怕会再一次晕倒。她告诉小刘浩，如果妈妈再次晕倒了，接不了电话，一定要接听老师的电话，告诉老师发生了什么事。小刘浩一边哭一边点头答应了。

幸好没出什么大事，康桂芹只是轻度的煤气中毒，治疗之后就有所好转。但她和小刘浩都不知道，究竟要到什么时候，家里才能逃脱这种令人胆寒而畏惧的命运。

因
为
有
爱，
所
以
勇
敢

这个伤痕累累的家，从来没有向命运低头。

支撑他们的，除了信念、勇气，更多的还是相互依靠、相互支撑的爱和陪伴。

小刘浩虽然看不见，但他总是斩钉截铁地告诉我们，妈妈是世界上最漂亮的人。在小刘浩的成长过程当中，并不高大的妈妈一直都是他最安心的港湾。

在赤峰的时候，刘浩家住的泵房离音乐学校足足有三四公里的路。因为爸爸要去上班，所以每天一大早，都是妈妈载着小刘浩，骑上40多分钟的自行车，送他去学琴。小刘浩学琴的时候，刘妈妈就一直站在旁边，守着儿子。这一站，就是十年。直到现在，每次刘浩上钢琴课的时候，妈妈都会在旁边帮他录音、录像。回家之后，她就可以根据这些录音和录像比对着纠正小刘浩的错误了。

小刘浩6岁时，前往北京比赛，听到了隔壁组优美的钢琴声，这让他欣喜若狂。在那之后，学习钢琴就成了小刘浩最渴望的事情。但是，钢琴本身就十分昂贵，更不要说学习钢琴的费用了，对于一个月收入还不到1500元的家庭来说，简直就是天文数字。

当刘妈妈第一次在家里说，她希望能够带着小刘浩前往北京学钢琴时，爸爸十分反对。家里没钱，真到了北京这样的大都市，连活下去都显得艰难。小刘浩听懂了爸爸的话，显得十分失落。但他怎么都没想到，妈妈竟然真的揣着不到300元钱，给家里留了一张字条，就带着他去了北京。虽然最后因为囊中羞涩，只能打道回府，但是刘浩理解了妈妈的爱与无奈。

就在母子俩第一次从北京回到赤峰的那几个月，爸爸辞掉了原来的工作，一个人去了北京，在工地上打工。小刘浩起初并不明白为什么爸爸突然就走了，妈妈说，爸爸这是去办"务工证明"去了。因为当时想要在北京盲童学校上学，必须要五证齐全，为了办理这些证件，爸爸才会独自前往北京打工。

爸爸并不是身高马大的北方汉子，他身材偏瘦，年纪也略大了些，所以力气活其实并不适合他。但爸爸又没有什么文凭，所以只能去北京的建筑工地上干苦力活。小刘浩好几次听见爸爸给妈妈打电话的时候都说，实在是太累了，累得快要吐血了。

这么累，爸爸还是坚持了大半年，最后总算是赶在开学前办好了手续，送刘浩进入了北京的盲童学校。从今以后，小刘浩也能和正常孩子一样学习文化课了。

刘浩很爱爸爸妈妈。他十分明白，他能够坐在盲童学校里上课，能够学琴，能够学盲谱，都是爸爸妈妈花了无数的心血为他争取来的。他一直有一个愿望，就是以后好好弹琴，成为演奏家，买一栋大房子，能够把家里人都接进去享福。

有一年母亲节的时候，刘妈妈正要把放学的刘浩接回家，没有想到，一向乖巧懂事的儿子突然闹着要吃西式快餐。刘妈妈不愿意，觉得太贵，就和儿子商量了半天。但小刘浩死活就是要吃，差点就要在大街上耍赖了。刘妈妈不忍心，就带着儿子第一次踏进了西式快餐店。

对他们来说西式快餐店的东西太贵了，刘妈妈就只要了一份套餐，想着给小刘浩过过嘴瘾。令她万万没有想到的是，小刘浩却坚决摇头不吃。她问为什么，小刘浩就摸着妈妈的脸说："妈，你吃，今天是母亲节。"

刘妈妈的眼泪一下就流了出来。感觉到妈妈在哭的小刘浩立马慌了，他给妈妈擦眼泪，自己却快要哭了。他问妈妈，是不是不喜欢吃，他说，他知道西式快餐很贵，但是今天妈妈过节，他想给妈妈吃点好吃的。

刘妈妈搂着小刘浩，把哽咽的声音都咽了下去。她拍着他的头说，妈妈今天很高兴，很高兴。

小刘浩一下就收住了眼泪，在妈妈怀里很满足地笑了。

为欢乐而活

小刘浩的成长之路如此坎坷，但他并没有因此而沉默。小刘浩仍然会扬起那张充满了生机的脸，晒太阳、笑、弹琴。

他竖着耳朵聆听这个世界的所有东西发出的声响，风、机械手表、计算器、录音机。他用那双并不大也并不厚实的手拥抱他所能触及的一切。

3岁时的塑料玩具，4岁时的二手电子琴，成为他与音乐沟通的桥梁。

他的世界一片漆黑，他便用音乐寻找这世间所有波澜壮阔的美和感情。从清晨到午夜，这些温柔的音符成为刘浩生命中最幸福的存在。

著名的捷克作家伏契克曾说，"我们曾经为欢乐而斗争，我们将要为欢乐而死。因此，悲哀永远不要同我们的名字连在一起。"

罗曼·罗兰也说过，"各人有各人理想的乐园，有自己所乐于安享的世界，朝自己所乐于追求的方向去追求，就是你一生的道路，不必抱怨环境，也无须艳羡别人。"

刘浩不一定听说过这两句话，但是他却是这些话最好的践行者。

虽然舞台上的他寡言沉默，但其实他的内心一直燃烧着一股火焰，不断发出光亮。

▲ 小刘浩和他的母亲康桂芹

▲ 小刘浩和他的父亲刘国玉

刘浩小时候没有太多机会出去玩儿。起初是因为刘妈妈在生完刘浩之后身体很不好，几乎每天只能卧床休息，中药一服一服地往肚子里灌，喝了大半年后，情况才慢慢好转。在那段日子里，爸爸请了长假，平时在家里照顾年迈的奶奶、卧床的妈妈，还有智力有缺陷的姐姐。因此，一家人能把还在摇篮床里的刘浩安抚好，已经很不容易了，真的是没什么时间抱着他出门散步。

等妈妈身体好转之后，妈妈或奶奶平日里就会带着刘浩去串门，找同龄的小孩玩一会儿。但刘浩因为看不见，如果遇到其他小孩，他的第一反应总是去摸摸人家，这是他了解其他人模样的唯一办法。

两三岁时，小刘浩的眼睛已经不像刚出生时那么黑亮了。随着他慢慢长大，小刘浩的眼睛开始变得浑浊，再加上他控制不好眼白，一双眼睛乍看上去有些吓人。

而邻居家的小孩们，年纪还小，有些害怕。他们不愿意和这个看起来就不一样的孩子玩，他们的喜怒哀乐自然也表现得十分明显，以至于小刘浩的手刚一摸到他们的脸，甚至还没碰到，他们就会被吓得哇哇大哭，甚至会躲到家人的身后。

小刘浩虽然不懂为什么其他小朋友们都躲着他，但也不气馁。他总是对躲着他的小朋友打招呼，介绍自己，对他们甜甜地笑。慢慢地，小朋友们也知道这个看起来有那么一点点不一样的小朋友并不是坏人，玩游戏的时候也开始接纳他。

小刘浩对此十分开心，他和妈妈说，他玩捉迷藏都可以不用蒙上眼睛。

直到现在，刘浩仍然对人声鼎沸的地方充满向往。

他喜欢人多的地方，大家的声音一口气传进他的耳朵，就像这个世界纷繁复杂的画面一股脑地冲进了他的脑海，这种充实感让他觉得安心，让他知道，其实他与这个世界的距离并没有想象的那么远。

除了和小伙伴一起玩，刘浩还找到了让他更幸福的事情——音乐。

其实，起初小刘浩并不知道音乐是什么，他只是喜欢录音机里传出的那些听着就让人开心的声音，这些声音是他最好的小伙伴。

妈妈康桂芹说，和正常小孩比起来，刘浩很少哭。但这个天真烂漫的小男孩却也并不是一个"闷葫芦"。

　　小刘浩非常可爱，对所有的东西都十分好奇，总是仰着小脸缠着妈妈问东问西。如果家里的大人都很忙，小刘浩就会自己在家中"探险"。他总是能找出家里所有可以发出声音的东西，一个一个地放在耳旁听，一个个琢磨。手表、带声音的计算器，都是他最喜欢的玩具。

　　他慢慢发现了自己的不一样，所以也总是追在妈妈后头问："妈妈，为什么我总是什么都看不见？"但是小刘浩很快发现，每当他问起这个问题时，妈妈总是流泪，抱着他和姐姐痛哭。慢慢地，刘浩也就不再问这个问题了。

　　在音乐的世界中，对于习惯了用声音感知一切的刘浩来说，"看不见"这件事并没有常人想象的那么困难和可怕。录音机里传出来的各式流行音乐，用7个键的玩具琴就可以弹出一首小歌，49键的电子琴几乎能复制所有他所能听到的声音，这些都让小刘浩觉得无比幸福。对于小刘浩而言，这些美妙的声音足以填满他的每一天。音乐是他能够想象到的最美的声音，也是最能够让他开心的事情，只要一听到这些丰富多彩的音符，他就会不由自主地笑起来。

　　对音乐的热爱，使得刘浩每天都过得十分充实。他对音乐的热爱让整个家庭又燃起了希望，妈妈希望能够帮已经遭受过很多不幸的儿子在这条追梦的道路上跑得更远些，再远些。刘浩每天都在家里开开心心地练琴，有时候还会模仿电视里的歌手们，号召家里人给他鼓掌捧场。刘浩对妈妈说："妈妈，我自己也能弹得很好！"

　　当音乐学校的刘校长答应教刘浩电子琴之后，刘浩又激动又兴奋，直到今天，他仍然不知道用怎样的言语去形容自己那一天的心情。在第一次去音乐学校学琴的前一天，刘浩在床上翻来覆去，老拽着爸妈说话，还爬到床尾弹了一首又一首曲子，最后还是被妈妈抓回了被窝。兴奋过头的后果就是，第二天一大早，刘浩困得怎么都不愿意起床。但刘妈妈更有办法，一句"不起床就耽误学琴了"，瞬间吓醒了睡梦中的小刘浩。他马上从被窝里钻出来，嚷着要穿衣服去上课。

　　从第一次去学琴开始，刘浩就养成了一个习惯：每次去音乐学校学琴，见刘校长，他都一定要穿上自己最好看的衣服才行。他说，去上电子琴课是一件特别让人开心的

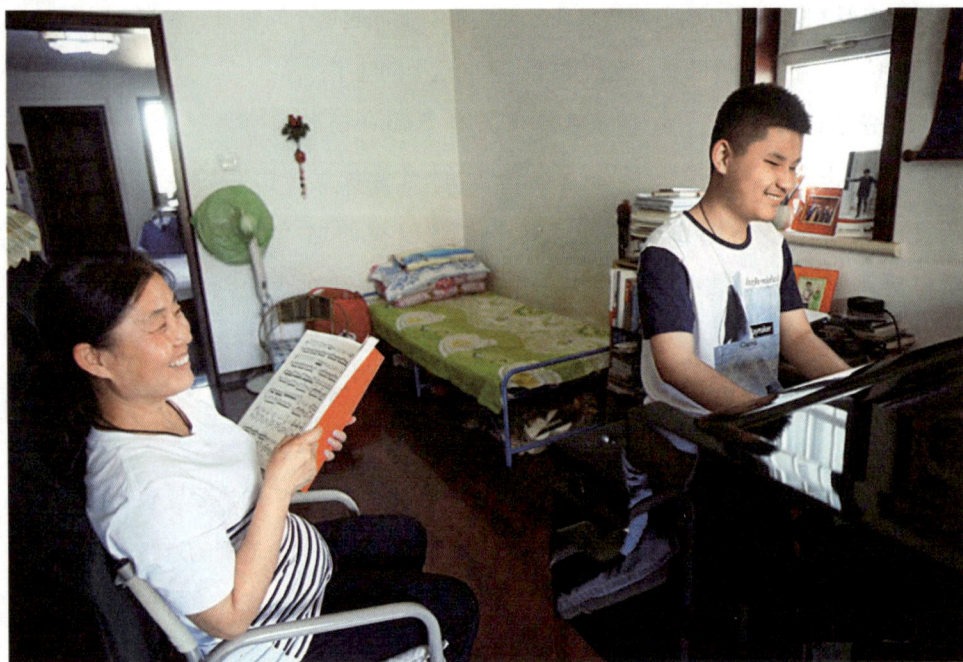

▲ 母亲陪刘浩练琴

事情，所以穿的衣服也一定是要最漂亮的。

因为一直没有去幼儿园上学，所以刘浩每天的时间很多，以前在家里，他每时每刻都离不开他的电子琴。现在能够在音乐学校里学琴了，他就从早到晚都泡在音乐学校里弹琴。音乐学校不但都是标准的电子琴，而且还有老师的指点，他太喜欢这里了。

但是他也不是只坐在自己的位置上，每次刘老师去给别的小朋友上课时，刘浩都会顺着声音摸过去，站在旁边听。对于之前只能在家里靠着录音机和磁带自己瞎琢磨电子琴的刘浩来说，老师的每次讲课都是弥足珍贵的。

他总是不好好练琴，跑去别的小孩那里听课，被刘校长抓到了好几次，所以刘校长后来还给小刘浩定了几条规矩。

对于小刘浩来说，刘校长是他最喜欢的人，也是他最害怕的人，所以小刘浩特别听刘校长的话。在刘校长把这个规矩和小刘浩说清楚了之后，无论刘校长布置的练习是 10 遍还是 20 遍，刘浩都会毫不放松地一直弹下去，连中途喝口水的时间都不愿意舍出来。刘妈妈问他，要不要歇一会儿，松口气，放松一下手臂，刘浩使劲摇头拒绝，他说，他要先把老师布置的任务完成好再休息。

因为这事，刘浩还闹过笑话。

有一次，刘校长给刘浩布置了练习任务，叫他把新学的曲子弹 20 遍用作巩固练习，弹完了再休息。刘浩一听，信誓旦旦地说保证完成任务。结果弹了十几遍的时候，他就开始坐不住了。一张小脸蛋憋得通红，整个人都有些不对劲。刘浩妈妈一眼就瞧出来了，儿子这肯定是想上厕所呢，她问："你是不是想上厕所呢？"刘浩点点头，但不吭声，只是继续练习。

他一开始弹曲子，刘妈妈就不好再问了，只能等到这一遍也弹完了，才问："那你咋不去呢？"

刘浩皱着鼻子说："可我还没把刘校长布置的任务完成，我不能休息。"

这话说得刘妈妈真是哭笑不得，她开玩笑地对刘浩说："可你再不去就要尿裤子了，浩浩，这不是休息，你只是去上个厕所。"

但是刘浩不听，弹完 20 遍曲子成了他最大的目标。

那时候的小刘浩站起身子，琴身都能到他脖子这儿，为此刘校长不得不特意把刘浩的琴凳调高些，以免他弹琴的姿势太过别扭。就这么小的孩子，却安静地一遍又一遍地弹着练习曲。

等好不容易把 20 遍的曲子弹完之后，小刘浩整个人都被抽干了力气，手还放在琴键上，人却一动不动的，看起来就像被定格了。

"你咋不去上厕所呢？刚不是还说想去吗？"刘妈妈看着儿子这个模样问道。小刘浩这才有了动静，"妈，我尿在裤子上了……"

刘浩从小就是懂事的孩子。他很少哭闹，只要一听到录音机里的歌声就会乖乖坐好，也很早就学着自己吃饭、穿衣服。他说，他知道爸爸妈妈很累了，他想早点学会这些事情，自己照顾好自己。

只有一次闹得特别厉害，是因为刘妈妈为了让他好好学习盲文，把小刘浩的宝贝电子琴给藏了起来，还骗他说电子琴已经被扔了。这可把小刘浩吓坏了，哭得撕心裂肺。更多的时候，小刘浩都是妈妈又乖巧又贴心的小棉袄。如果说"尿裤子"对刘浩来说是一段不好意思和别人提起的小插曲，那么在他6岁时和郎朗同台演出，就是小刘浩最幸福、最开心的事情了。

那是2007年的国庆，即便现在想起来，也幸福得让人不敢置信。

那年9月，刘浩终于如愿以偿地进入北京盲童学校学习，开始了他的上学之路。能够在学校上文化课令小刘浩十分开心，他上课认真听讲，下课的时候却不和同学们一起玩闹，而是坐在自己座位上，拿着数学课上老师发的小木棍撑手。刘浩说，这样撑手的话，手说不定就能快些长大，能够把琴弹得更好。

让他发挥的机会很快就来了。

一家电视台的一位编导联系上了刘妈妈。在电话里，这位编导邀请刘浩参与一期节目的录制，编导将这期节目设想的内容大体上告诉了刘妈妈。她说，这期节目里，他们计划跟拍小刘浩和郎朗慈善音乐会的合作。当时郎朗正在南京准备一场慈善音乐晚会，需要二三十名琴童，而且到时候还会选出几位琴童和郎朗同台演奏。电视台方面能够帮刘浩联系到郎朗方面，提供这个机会。

刘妈妈那天晚上接刘浩回家的时候，在路上就把这事和他说了。刘浩一只手被妈妈牵着，另一只手就像鬼画符一样的在空中胡乱地挥舞着，高兴得又蹦又跳，刘妈妈都差点拉不住他了！对于6岁的刘浩来说，能和郎朗同台演出是他想都不敢想的事情。

在此之前，他就对郎朗有所了解。在赤峰的音乐学校学琴的时候，刘浩曾经在刘校长的电脑上听过郎朗的钢琴曲演奏，这让他印象深刻。

刘妈妈看他这副高兴坏了的模样，心里却想得更多，她真是担心极了。"可你没学过钢琴，你真能弹好吗？"

刘浩站在出租屋的小床上，拍着胸脯，豪气万丈，"肯定能弹好！"

看着刘浩这么开心，又十分有信心的样子，刘妈妈最终还是答应了节目组。经过多方协商，最后确定下来，郎朗要和刘浩一起演奏的曲目是一首15分钟的大曲子，舒伯特的《军队进行曲》。

在此之前，刘浩从来没有听过这首曲子。

还有两周的时间，没有钢琴基础，没有钢琴老师，甚至还要每天兼顾文化课的刘浩，到底怎样才能学会这一首他之前从来没有接触过的曲子。

刘妈妈一想这事就头疼，但刘浩不一样，他每天开心得不得了。上学路上也一直在叽叽喳喳地说着这件事，他说，他想要一个老师，跟着老师好好地学琴，只有这样，才能在上台的时候弹得更好，让大家开心。

刘妈妈一直没能帮小刘浩找到钢琴老师，很大一个原因就是因为这个条件并不好的家庭实在是承担不起高额的钢琴学习费用。但这一次，找到一位能够教刘浩《军队进行曲》的老师已经成为燃眉之急。为此，刘妈妈拜托了盲童学校里的器乐老师，希望他能够推荐几位老师。

一行三人穿过半个北京，终于找到了一家琴行愿意教刘浩这首曲子，而且只收 300 元。

老师找到了，但刘浩和刘妈妈还得找到谱子才行。

当时距离演出已经没几天了，刘浩非常着急。所以找到老师之后，他们立马就开始寻找琴谱。

但是钢琴谱并不是什么热门书，很多书店里都没有，有的书店虽然也卖琴谱，却没有收录舒伯特的这首《军队进行曲》。母子俩进了一家又一家书店，但最后都只能失望地离开。

一整天下来，连饭都没时间吃，更没有休息的时间，小刘浩早就又累又困了。因为不想让妈妈更辛苦，他一直都是在自己走路，天黑的时候，他的腿都已经开始哆嗦了，根本走不了路。

但刘浩和刘妈妈都不愿意放弃。刘浩说："我一定要找到谱子！"

刘妈妈拍了拍儿子的小脑袋，她想，她一定要帮小刘浩找到这首曲子的琴谱，在时间这么紧的时候，能给孩子多一天的时间练琴都是好的。想到这儿，刘妈妈背起小刘浩，脚步显得更加坚定了。

但是当时，刘妈妈和刘浩才来北京不到一个月，这么走来走去地找书店，他们最后都迷路了，只能是边走边向路人或者街边的小店问路。

到晚上 9 点多的时候，刘浩一家终于找到了这首曲子的琴谱，是收录在一本又厚又大的砖头似的书里。一问，这本书竟然要 27 块钱！刘妈妈却没带那么多钱。最后是店主好心，特意帮他们把《军队进行曲》琴谱的那几页复印好了，只象征性地收了刘妈妈 1 元钱。

这一天，刘浩在外面走了十多个小时的路。

等到回出租屋的时候，已经是晚上 10 点多了。小刘浩其实早就困得睁不开眼了，但他不敢睡，因为他还没有把盲童学校文化课的作业做完。

刘浩勉强打起精神，坐在床边，靠在吃饭的小桌上，一点一点地摸着刻板。但他今天实在是太累了，找到老师和谱子的时候兴奋得过了头，又走了那么远的路，还没写几个字，他就忍不住趴在桌子上睡着了，手里还紧紧地抓着刻板。

这可能是接下来半个月里刘浩睡得最熟最久的一次了。

在找到老师的第二天，刘浩就去学琴了。因为刘浩看不见谱子，当时的他也还没来得及学盲谱，所以只能是老师握着他的手慢慢学。两天下来，刘浩就分别把左右手的部分学会了。但这不够，只是勉强能弹，并不能在舞台上完成一次成功的演出。周末的时候，刘浩就一直在钢琴学校练琴，根本不给自己休息的时间。

《军队进行曲》整首曲子长达15分钟，对于6岁的刘浩来说，完整地将一首曲子弹下来是一件强度特别高的事情。他从早上一直练琴练到了天黑，中间也没怎么休息。弹到最后，刘浩已经累得不行了。刘妈妈在日记里写道：当时刘浩的左手从手指间到胳膊，全部都特别疼，他是弹不动了才停下来的，等到回家的时候，连手指都已经抬不起来了。

能够全天在钢琴学校练琴的周末只有短短两天，等到周一到周五要上学的时候，时间就变得更紧了。为了能够多练一会儿琴，快些提升自己的水平，刘浩央求刘妈妈和班主任，希望能够多有些时间练琴。

那时候的刘浩几乎没有空闲时间。他每天一大早起床，吃了早饭之后去盲童学校学习文化课，一直上到下午的第二节课下课，刘妈妈就会把刘浩接出来，两人便急急忙忙地赶去音乐学校学琴，一直到晚上10点半下课。学钢琴的地方离家特别远，为了省钱，等刘妈妈带着小刘浩坐公交车回家的时候，往往已经很晚了，如果遇上堵车，就得半夜才能到家。

一挨着床，刘浩就能呼呼大睡，怎么叫都叫不醒。连续好几天，刘浩每天晚上回家之后都因为太累来不及吃晚饭就睡着了。刘妈妈说，有时候她看见刘浩已经累成了这样，实在是舍不得再把孩子叫起来。

虽然很辛苦，但是有了老师的专业指点，再加上刘浩这么高强度的练琴，短短几天时间，刘浩演奏《军队进行曲》的水平突飞猛进。

但小刘浩和妈妈都很着急。

钢琴学校马上就要放假了，在国庆长假的这几天里，他该去哪里练琴呢？

最后在盲童学校两位校长和器乐老师王老师的帮助下，刘浩得以在盲童学校的钢琴教室里练琴。当刘妈妈拿到这间钢琴房钥匙的时候，刘浩才松了一口气。

因为出租屋离学校很近，再加上国庆放假，也不用去上文化课了，刘浩真是恨不得干脆住在学校钢琴房里。

为了能够多练一会儿琴，每天天刚亮，刘浩就会从床上爬起来。在等刘妈妈做早饭的时候，他也不愿意闲着，就抱着自己的电子琴开始弹奏。快速地吃完早饭，有时候家里的家务还没收拾完呢，刘浩就迫不及待地想去学校练琴了，一直跟在妈妈后面催她。

那几天对于刘浩来说特别幸福。他可以一天从早到晚地练琴，没有人会打扰他。因为放假，学校里除了保安大爷和保洁阿姨，就只有刘浩和刘妈妈了。他们会在琴房里待上整整一个上午，中午刘妈妈就会把琴房门锁好，带着刘浩回家吃饭，稍微休息一会。按照刘浩的意愿，中午的时间他也不想浪费，希望能在琴房一直练琴。但是头一天这么尝试了，结果等到下午三四点的时候，刘浩就已经不能再好好地练习了，因为他已经累得手指都动弹不得了。

吸取了这次的教训，刘浩也不再逞能，每天中午都趁着妈妈准备午饭的时候给自己揉揉手臂，就当是放松了。下午也绝不懈怠，刘浩总是很认真地一遍遍练习着，放学铃声响了，负责保安的大爷过来敲门说要锁楼了，刘浩才会一脸不情愿地被刘妈妈拉着回家。

虽然回家了，刘浩也不放松，会继续在家里练琴。但是电子琴弹着感觉总是差一些，没有学校的钢琴弹着感觉好。刘浩和妈妈说，他真不想回家，他想继续在学校练习。

一天算下来，刘浩大概要练十多个小时的琴。这样的练习量对一个 6 岁的孩子来说几乎是不可能的，但刘浩不仅一直坚持了下来，还觉得这样特别幸福，也特别充实。每天晚上睡觉的时候，刘浩的两条胳膊总是只能软软地搭着，想拿起自己的衣服都觉得费力。为了让刘浩第二天能够继续练琴，刘妈妈就会在睡前烧上一壶热水，把毛巾浸了，等不那么烫手了就裹在刘浩的胳膊上揉一揉，算是给小刘浩做个按摩，放松一下。

但经常都是，毛巾还搭在手臂上，刘浩就已经在床上睡得昏天黑地了。

汗水是最不会被辜负的

两周之后，刘浩的《军队进行曲》在南京登台演出时，不但受到了郎朗的高度赞扬，也收获了全场观众的掌声。

刘浩说，弹琴对他来说是一件特别幸福的事情，如果能将这件幸福的事情分享给更多的人听到，那么，这一定会变成世界上最幸福的事情。"我就觉得上天是公平的，虽然让我眼睛看不见了，但给了我一个这么好的妈妈，所以我得感谢，我感觉特别幸福。"

"虽然我们身体有残疾，但我们身残志不残，只要我们一起努力，没有不可能。"

刘浩，用他生命里的一个个音符让我们明白，生命，永远没有不可能。

董卿：他即便觉得难，他也说我试试。我觉得这种态度，首先就让我们非常赞赏。不管你的挑战项目本身的难度怎样，可是我们最终想看到的，无非是人愿意去挑战的一种精神。

扫一扫，看**陈燕**精彩挑战全程

像蝙蝠一样用声波感受世界，用耳朵倾听光明。姥姥教会她，即使眼睛看不见，但只要心里有光，对世间万物的形状和温度的感知就来自心底的希望。"声呐人"陈燕用耳朵和这个世界打交道，用最真诚的心看见美好。

陈燕，中国首位女盲人调音师，十多年奔走开拓盲人调琴新路，创办中国首家面向全国调琴的公司并担任总经理，她将公司所有盈利均用于盲人调音师宣传当中。她多年奔走义务宣传导盲犬畅行，中国第 18 条导盲犬珍妮是她的另一双眼睛。陈燕先天性白内障，体弱多病，11 次大手术，3 次宣布病危，1 次车祸；她学跆拳道，会骑独轮车，考下深水证，参加 2008 年残奥会开幕式演出，担任 2010 年世博会盲人记者，曾被江苏卫视、《扬子晚报》《东方文化周刊》、新浪网评为"感动中国 2004 十大真情人物"。

她的生命中有太多的传奇和不可能，是姥姥把她培养得能像正常人一样生活。虽然她是一位盲人，但她有一份让很多正常人都美慕的事业，亲情、友情、爱情同样绽放在她的生命里。她用倔强而永不言败的精神，去挑战生命的不可能。

听见的世界也很美丽

陈燕参加了 2015 年 10 月 4 日《挑战不可能》节目的录制。

在挑战之前，主持人撒贝宁用一段雷达模仿蝙蝠的仿生学案例引出了"人体雷达"——陈燕，她会通过声音来辨别前行的方向，寻找她的方位和目标。

陈燕面带微笑，像正常人一样走向舞台中央，眼睛很美也很亮。

"大家好！我叫陈燕，来自北京，是一名盲人钢琴调音师。"

评委和观众都很诧异，她是盲人？正如评委周华健所说的那样："她一出现的时候，没有戴墨镜，什么都没有，挺拔自然地走出来，完全没有想到她其实看不见的。"

其实，陈燕日常生活中也是如此，她凭借反射音能够自己做很多事情。无论外貌还是行为上，她超出了健全人对于盲人的普遍认知。

评委提议先做个热身，让陈燕通过反射音判断主持人撒贝宁的身高，现场氛围瞬间活跃起来。陈燕也略感尴尬，"这能说吗？"

陈燕面对撒贝宁左右走了走，嘴里不断地发出"嘚嘚"的声音，几十秒后，站在台前，落落大方，"我认为是 1.72 米左右。"三位评委一脸震惊，看来已经八九不离十了。

言归正传，主持人开始介绍挑战项目，"挑战难度超乎我们的想象！"这句话不禁让人心底一颤，这会是怎样的挑战呢？

在棋盘方阵和 28 个象征棋子的圆台上，由评委随机安排一群可爱的孩子和穿着与孩子相同的模特（假人），挑战者需要通过声音来判断台上是一位真的小朋友还是一个小模特，中间有一个错误挑战即为失败。面对复杂多变的 28 个圆台，陈燕能够完成挑战吗？

陈燕是通过声音来辨别目标，就像声呐是利用声波进行探测和观察。蝙蝠利用声呐来定位飞行，它用嘴发出声波，然后用耳朵听这些声波碰到物体后的回声，以此来判断物体的位置、大小和形状。而陈燕挑战的真假人，因为材料结构不同反射回来的声波只有细小的差别，陈燕能否准确区分它们的差异，挑战能成功吗？

"在挑战开始之前，我准备了一个道具，就是一个眼罩。"陈燕淡然地说。

评委和主持人都大吃一惊，盲人为什么还要戴眼罩呢？

陈燕解释道："戴上眼罩即将损失我 20% 的听力和感知力，今天我要加大一下难度。"

主持人撒贝宁说："我代表节目组谢谢你，我知道你这样是为了排除任何可能对这个挑战存在的疑义，让这个挑战变得更严谨、更公正。"

挑战开始，陈燕依次在圆台前用嘴发出"嘚嘚"的声音，或是拍手，并左右变换位置，动作持续几分钟以后，她平静地转身做出第一个判断，"真的！"观众鼓掌祝贺，她判断对了！

挑战难度升级，此时，陈燕走到了已被提前安排在圆台上的评委周华健所在的位置，和之前一样她一边发出声音，一边围着圆台转，可是转了几圈，她有些犹豫和疑惑。

"不行，我得用我的撒手锏！"听到这句话，评委周华健一脸惶恐，李昌钰博士则十分好奇，要仔细观察研究一番。

只见陈燕将双手放在嘴边做成扩音姿势，嘴里发出呼号的声音，并上下呼喊，就像在用声音对周华健评委进行全面的扫描。

尝试几次以后，陈燕越发疑惑："小撒老师，你们有可能放不是模特和孩子的东西吗？"

站在圆台上的周华健一脸尴尬，想必有些后悔当初的决定。

陈燕再一次使用撒手锏。可以看出她的着急和焦虑，她只知道要判断孩子和模特，但是此刻站在台上的人的高度和她自己是差不多的，和之前听到的反射音不一样。

她又尝试了几次，就当大家觉得她可能要失败的时候，她却转身宣布自己的答案，"这个应该是真的，但是个大人吧！很高！"从她开始说话，所有人的心都被悬起来，一阵欢笑，她的判断完全正确。

评委周华健结合自身体会说："她能用很细微的声音的反射去建立出前面的一个空间、一个模型，以此来判断，真的就是一个声呐的感觉。"

挑战继续进行，无论是两个真的并排，还是两个真的前后摆放的，还是一真一假，抑或是两个假的并排摆放，她都能够准确判断出来。

到了李昌钰博士，他故意屏住呼吸，让心脏跳动缓慢，陈燕判断了好久，李博士脸上露出一丝狡黠的微笑，所有人都在翘首期待。

陈燕做出了判断，大家再次屏住呼吸以缓解内心的紧张。"真的，还是一个很高的大人吧！"

接下来一切顺利，陈燕一一答对，评委不仅感慨："百分之百命中率！"

最后一个挑战，撒贝宁也站到了圆台上，再一次提升了挑战难度，他站在模特身后，将西服盖住自己的头和肩膀，试图改变整体轮廓和外形，中途又将衣服搭在模特身上。陈燕用尽全身力气，但是依旧有些拿不准，急得额头都冒汗了。观众也为她捏了一把汗。

时间一分一秒地流逝，陈燕没有放弃，她不停地尝试！

"明白了！"陈燕说。所有人都瞪大了眼睛期待结果。

"前面是个假人，后面是一个真人，大人，但是从前面听有一个很大的东西，但是刚才会变！"撒贝宁的把戏被识破了！

陈燕挑战成功！全场欢呼雀跃，这成功来之不易！

出色的表现，让陈燕成功入选《挑战不可能》2015年"年度挑战王"的候选人名单，她将再次登上《挑战不可能》的舞台，面临更加不可能完成的挑战。

20个圆台上面，分别站有20个小朋友，其中每两名小朋友穿着打扮完全相同，3位嘉宾将随机安排20个小朋友的站位。陈燕要通过她的技能，识别每个小朋友的服装造型，然后两两配对，只有将十组小朋友正确配对，才算是挑战成功。这不仅考验听音识别能力，还有记忆力，虽然难度较大，但陈燕还是顺利通过。

但是更难的问题出现了，其中挑选出的四位"小药童"装扮的孩子穿着服饰完全相同，唯一不同的是他们四人所背的竹篓中，两个装的是塑料水壶，另外两个装的则是铝制水壶。这样一来，就要求陈燕拥有通过声波反射，分析微乎其微的差异，辨别物体不同材质的极限能力。

但陈燕再次震惊全场，有惊无险地完成挑战！

评委董卿问她："是什么力量可以让你这样平静地坚持？"

陈燕平静地回答："姥姥说，上帝给你关上一扇门，总会打开一扇窗，虽然你看不见，但是你的耳朵、手、皮肤，你感知到的东西别人是感知不到的，所以我从来没有自卑过，我觉得通过我自己的努力，也完全可以的。"

"面对不可能改变的生理上的缺陷，她最终变成了一个比健全人还要健全的人，你做到了，除了看不到，什么都可以做到！"董卿评价说。

姥姥，拥抱最紧，放手最狠

姥姥，是陈燕生命中最最重要的第一个人。陈燕会说的第一句话是"姥姥"。

陈燕出生3个月的时候，她的父母在她的眼睛里发现了一个白点，襁褓中的婴儿在毫不知情中迎来了这个陌生世界上最深切的嫌弃与恶意。多家医院诊断，白纸黑字——"先天性白内障"。看不见、失明、视障、盲人甚至是瞎子将成为伴随她一辈子的标签。

陈燕的父母接受不了残酷的现实，他们替她做出了选择，尽快结束生命，不再喂她奶水，甚至准备把她扔到河里。

是她的姥姥，推开了她的父母，把她留在了这个世界上。

5个月大的陈燕，被姥姥抱到了北京。这是她感受到的最紧的拥抱，胸口贴着胸口，一颗小心脏依偎着另一颗强有力的心脏。

陈燕的姥姥带她做了进一步检查，结果却更令人担忧。她不仅眼睛看不见，而且还患有过敏性哮喘、颈椎畸形和免疫力低下等病症。但任何人都不能从这位老人的怀里带走这个孩子，包括死神。

姥姥决定将陈燕抚养长大，并给她起了一个小名——咪咪。咪咪代表猫，在民间传说里，猫有9条命，姥姥希望用这种方式，保佑陈燕能够顺利长大

▲ 陈燕和姥姥

成人。

　　10 个月大的时候，姥姥带她做了眼睛手术，由于床位紧张，姥姥抱着她在楼道里待了七天七夜。但是手术的效果并不理想，陈燕眼中的世界完全是模糊的，只是一堆拼凑在一起的鲜艳的色块，这种视力完全没办法支持她走路和分辨东西。

　　姥姥不死心，为了治疗眼睛，带着她到处奔波，直到她 3 岁那年才彻底放弃。无奈之下，姥姥不得不接受，陈燕眼中的世界只能如此。

　　看着 3 岁的小陈燕紧紧地拉着自己的衣角不能独立行走，因为陈燕看不见，总是摔倒，摔怕了！但是生活总要继续，姥姥不可能陪她一辈子，终究要独立，要生活。

　　姥姥决定放手！要让她学会不依靠别人，自己生活，自食其力，这样，一旦有一天姥姥不得不离开，也会是安心的。

　　姥姥坚信，上帝关上一扇门，总会打开一扇窗。她开始开发小陈燕的耳朵、鼻子、手的功能。她告诉陈燕："万物都有反射音，虽然你的眼睛看不见了，但你别的器官是好的，你一定能靠别的器官像正常人一样生活的。"

　　姥姥挣开拉着自己衣角的小手，只是告诉她前面有石头，有墙，有树，让陈燕靠听自己脚步的反射音来判断障碍物。陈燕经常会被石头绊倒，撞到树上，会摔倒，会哭，可是姥姥不会帮她或哄她，只是告诉她："你有能力自己站起来！""如果你要在这个世界上生存，就要比别人付出更多的努力，才能像别人一样地生活。"直到三岁半，她才敢自己独立行走。

　　姥姥进一步开发陈燕的听力。她把一分、二分、五分的硬币丢在水泥地上，因为硬币大小不一样，掉在地上的声音也不一样，她要靠"听"分辨这是多少钱。这对陈燕并不难，姥姥要求她靠听判断地面上滚动的硬币停止的位置，一步到位捡起硬币，不能在地上摸。在这样严厉的训练下，4 岁多的陈燕，学会了靠"听"生活。

　　为了让陈燕能像正常人一样生活，而不是成为别人眼中的怪物或取笑的对象，姥姥教会陈燕，拿东西时眼睛"看着"东西，对话时眼睛"看着"人，注意面部表情等等，事无巨细。小小的陈燕虽不能理解姥姥的残忍，会埋怨姥姥有太多太多的要求，但都照做了，因为她知道姥姥爱她，比任何人都爱她。正是这样，她才成了常人眼中最不像盲人的盲人。

5岁的时候，陈燕就要一个人去帮姥姥买东西，自己一个人去公园里荡秋千，让一个5岁的盲孩子独自出门，这是多么"狠心"的姥姥呀！她撞过树，摔倒在水坑里过，也掉到过沟里，经常鼻青脸肿地回家，但姥姥给她擦上药膏，还要继续，直到一切顺利。对她来说自然的障碍可以克服，最难的还是过马路。姥姥教她，等有人过马路的时候，跟在他们左边齐着走，因为车子从右边来。等到了马路中间，再快速从人群左边转到右边，因为车子会从左边来。陈燕照做了，一做就是几十年。

姥姥是"拥有千里眼和飞毛腿"的，每当陈燕独自出门找不到回家的路或是摔倒在街头的时候，姥姥总是第一个出现的。

为了给陈燕一个玩伴，姥姥给她养了一只小黄猫，叫黄黄，她和黄黄成了好朋友，黄黄喜欢让她摸，舒服了就打呼噜，她摸到黄黄的样子，一直将小黄猫深深印在心里，她画的第一幅画就是黄黄。

转眼到了上学的年龄，姥姥带着她到青年湖小学报名，虽然考试很优秀，但是因为她看不见，所以不能收她入学。9月1日早晨，陈燕的朋友们都背着书包高高兴兴地上学去了，她却被姥姥带到了北海公园荡秋千。她疑惑地问姥姥，可是姥姥却沉默不语，她哇地一声哭了起来。第二年，她们走了多所学校，可是都因同样的理由被拒之门外。

无奈之下，姥姥只得将陈燕送到她的父母身边，让她和她的妹妹一起上学，也好互相照应。可是，万万没想到，之后的两年成为陈燕童年里最黑暗的时光。陈燕的父母瞒着姥姥，不仅没有让陈燕上学，还让她在家中洗衣服、做饭、扫地、扫院子、喂猪喂鸡、打水等等，做得不好便是一顿打骂，还被关在家中，不许出门。反差之大，让小陈燕无法接受，姥姥从不嫌弃她，把她视为掌上明珠，而爸妈却认为她丢人，是废人，是包袱。她无时无刻不盼望着姥姥的出现，把自己带走，离开她的"家"。爱说爱笑爱动的陈燕渐渐变得自卑、自闭，不动也不说话。

终于有一天，姥姥来看陈燕了。她抱着姥姥再也不想撒手，姥姥是她生命里的阳光。陈燕再一次回到了从小长大的家，真正属于她的家。

之后，姥姥开始在家教陈燕学习文化知识，还千方百计找到师傅教她二胡，姥姥说：

"小时候多学本领，长大了不受委屈。"但是，陈燕一点儿也不喜欢二胡，二胡的声音太过忧伤，她终于成功地摸索着拆了姥姥省吃俭用买来的二胡，自然也逃不过一顿打。但是童年的乐器学习，奠定了她后来继续学习音乐的基础，之后她又学会了电子琴、手风琴、钢琴和架子鼓，并在 2008 年残奥会开幕式上演出过。

12 岁那年，陈燕听广播时，无意中听到北京有盲人学校。和姥姥商量以后，陈燕决定去盲校报名，她询问了盲校地址，便让姥姥带着她去报名，可是姥姥却说："自己的事情自己做，你自己去找吧！"她花了两天时间才找到别人两个小时就能找到的路，但正因为她是自己来报名的，盲校老师认为她能看得见，拒绝接收她入学。

后来陈燕独自找到中国残疾人联合会，得到了会长秘书杨文娟写给盲校的信；又找到教育局小教处，得到了副会长李慧玲的推荐信；又得到了习仲勋秘书的推荐信。经过 6 年的追寻，终于能够如愿以偿地上学了。

13 岁进入盲校读书，陈燕的人生开启了新的征程。求学、成家、立业，姥姥一直在一旁看着她、陪着她，鼓励她走过低谷，心疼她不懈地坚持和努力，终于盼到她活出了自己的精彩，姥姥放心了！

2002 年 1 月 13 日深夜，姥姥因肺癌与世长辞，安详地离开了这个世界，离开了一辈子的牵挂——陈燕！

直到姥姥去世的前一天，陈燕才从姥姥口中得知，姥姥没有飞毛腿，也没有千里眼，每次让陈燕独自出门，她都默默地跟在后面，这一跟就是 18 年！

姥姥——陈燕在这个世界上最亲的人，她的离去，对陈燕是重重的打击。她悲痛欲绝，眼泪总挂在眼角，身体也十分虚弱。但是，陈燕知道，姥姥一辈子最放心不下的就是她，最大的心愿就是希望她一生幸福，她会努力生活，让天堂的姥姥放心！

笑对人生

柔弱胜刚强

陈燕

▲ 陈燕的作品

全力以赴，开辟盲人调琴新路

13 岁进入盲校，从小学三年级读起，第一次接触盲文，陈燕知道了什么是考试和写作业。她下定决心要把时间抢回来，她相信老天是公平的，相信通过努力可以战胜一切困难。她用 5 年时间读完了九年义务教育。

盲校里，陈燕是个淘气的学生，打打闹闹，嬉嬉笑笑，罚站是家常便饭，爱美、爱笑、爱唱，人缘好，担任学生干部，但偶尔也会因为"看到"同学的父母而暗自垂泪。她也会有攀比心，姥姥告诉她总要付出才有回报，她总能达到姥姥的要求，学习一直未曾落下，成绩十分优异。

上完初二的时候，中国第一届盲人钢琴调音专业开始招生。因为三年才招一届，所以陈燕跳班参加考试，并且很顺利地考上了。

要成为钢琴调音师，不但要学会精准的调音技术，还必须学会修琴。一架钢琴有八千多个零件，单单是记住这些零件的名字已经不是一件容易事了，还要清楚零件的分布并熟练地掌握拆装和维修。

对于陈燕来说，拥有灵敏的听力加上扎实的音乐基础，学习调琴并没有那么难，最难学的是修琴，要修琴就必须和钉子、锤子、螺丝刀、刨子、钻子等木工的常用工具打交道。一群盲学生在课堂上学习使用这些工具，画面已是不用说的惨烈。从一开始，陈燕的手上就没断过大大小小的伤口，那双手被锤子砸过，被螺丝刀扎过，被琴弦勒得青紫。她也曾想过放弃，转去学习中医按摩。可是，李任炜老师——首届公派学习并掌握欧美最先进的三六度验证技术的盲人调音师，用自己的经历和信念激励陈燕坚持走了下来。他是陈燕生命中最最重要的第二个人，不仅教会了陈燕调音技术，也是她一生从事盲人钢琴调音事业的指导者。

第一天上课，李老师就告诉学生们，作为盲校中第一届钢琴调音专业的学生，他们将要担负起一项受全国盲人关注的、艰难而光荣的任务——铺出一条盲人就业的新路。他对学生要求严格，对于盲人钢琴调音师，用户一般不会担心会不会调琴，但都会认为盲人看不见，肯定不会修琴，所以，他要求学生必须掌握所有大大小小的修琴技术，碰见什么问题的琴都能修，只有这样，才能排除用户的不信任，才能逐步打开局面。陈燕将李老师的话记在心上，化作坚定的决心，支撑着她熬过无数道难关，终于掌握了欧美先进的调琴技术。

到了实习阶段，是学习与实践接轨的第一站。没有听说过盲人调琴，没有一家单位愿意接收他们。费尽周折，才终于可以去一所幼师学校实习。那里的琴破得吓人，估计是实在不能更坏了，才放心交给盲人。经过一个星期的努力，陈燕赋予了一台原本不能弹奏的破琴一次重生，圆满完成李老师交给的任务，修琴技能也得到了很大的提升。在幼师实习结束的时候，她一天就可以修好一台破琴。凭借精湛的调琴技术，加上中国音乐学院王兴龙老师的见证，他们获得了到中国音乐学院实习的机会。

实习的经历，既让陈燕看到了盲人调音向社会推广的困境，也让她看到了希望，社会对于盲人调琴的不信任和抗拒主要是因为"没见过"和"不了解"，只要踏实肯干，技术过硬，一定会被大众相信。她立下自己的梦想，一定要通过努力，宣传推广，让更多人认可盲人调音师。

就这样带着迷惘和梦想，陈燕和同学们毕业了。未来的路就像陈燕眼前的世界一样，有光却模糊，辨别不清方向和障碍物。但是陈燕相信"机会对于每个人都是平等的，就看大家怎样抓住"，她告诫自己"一定要努力"！

在钢琴厂调琴是陈燕的第一份工作，那里不像盲校——大家都一样，那里是健全人的世界。她们被当作外星人，成为被围困的孤岛和议论的对象。第一步就这般艰难，未来又要有多少坎坷。她害怕了，打心底抗拒走上社会。但姥姥激励她："路在你的脚下，只能往前走不能往后退。"她鼓起勇气，直面常人的好奇，并主动给他们讲述盲人的生活，慢慢融入。当她拿到第一笔工资的时候，姥姥哭了，"咪咪终于能自食其力了！以后咪咪不会饿死了，终于把你培养成人了！"

但好景不长，不到半年，钢琴厂倒闭。之后，陈燕参加了人生的第一次应聘，凭借高超的调琴技术，她被另外一家钢琴厂录用了。但是不久后，一场意外事故——公交车售票员怀疑她的盲人身份，故意用车门夹人，致使胳膊骨折，再次失业。

身体恢复以后，陈燕竟做出了一个更大胆的决定。她不想再去钢琴厂调琴，她要走上社会为钢琴用户调琴，让更多的人知道盲人调琴，为开辟盲人钢琴调音的理想而奋斗。

陈燕开始参加琴行的应聘，做售后服务工作，直接面对钢琴使用者调琴。但是结果都一样，因为从来没有见过，所以大家不相信盲人能调琴，连试调都不允许。陈燕四处碰壁，她有些心灰意冷，她真的要改行了。她通过努力获得了中医按摩中专的毕业证，因为盲人按摩已经被社会认可，但就在拿到中医按摩上岗证的前一天，她犹豫了。

她想起了李任炜老师说的话："如果没人走，永远没有路。我们干得多了，社会一定会接受。"姥姥也一直教育她："如果你认为是正确的，想做什么就去做吧，你不要总想着成功，最关键的是你努力的过程，你真正付出了，总会有或大或小的成功等着你。"

陈燕放弃了，她没有去领取中医按摩上岗证。"我不能给自己留后路，不能回头，我只能往前走。""要全力以赴，而不是尽力而为。"

又到一家琴行应聘，陈燕多了个心眼，利用自己外表看不出是盲人的特点，调完琴以后才告诉经理自己是盲人。这一次她被录用了！然而，琴行里的调琴师需要上门为用户服务，她能找到用户的家吗？她用一个月的时间熟悉北京的大街小巷，把地图上的地名、车站、胡同、小区等一一抄写成盲文，再一条一条路地背熟，并走到街上

▲ 工作中的陈燕

熟悉街区。但是真正工作中找用户家依旧是最大的困扰，一小时的行程提前两小时出发，依旧有可能误了约定的时间，遭到用户一顿数落；夏日酷暑中走冤枉路，脸憋得通红；雷雨天赴约，摔倒在路上，泪水和雨水混杂着流淌。无论如何，她都坚持下来了。"如果我退缩了，我那个想让全国人都知道盲人还有钢琴调音这项工作的梦想就永远也实现不了了。"

陈燕在上岗前给自己立了一个规矩，"去用户家前，绝不告诉他我是盲人。这有两个原因，一是用户会觉得我眼睛看不见来接我，二是用户没听说过盲人能调琴，怕我把琴调坏了不用我，这样我会失去很多机会。到了用户家，我一边调琴，一边教用户钢琴保养的知识。琴调完了，用户也和我成了朋友，这时我再告诉他我是盲人。"她再诚恳耐心地回答用户好奇的提问，慢慢取得用户的信任。

陈燕在工作过程中，最重视的是信誉，因为她知道她代表的不仅仅是自己，更是整个盲人群体。正如李老师曾经嘱咐的，"如果一个健全人骗了人，用户以后再换一个调音师就行了。一个盲人调音师骗了人，用户以后就不会再找盲人了。作为一个盲人调音师，决不允许自己有一点失误，要认真对待每一台琴、每一个音，把每个用户当作钢琴演奏家，才能给自己留下好的信誉，才能使人们正确对待盲人。"对于不能调到标准音的钢琴，宁可白跑一趟不调琴，也不能将钢琴的状况瞒着用户，糊弄过去。在从事盲人钢琴调音的这条路上，这一点陈燕始终坚持如一。

陈燕和越来越多的用户成了朋友，获得了他们的理解和支持；对那些对盲人有偏见的人，就更加积极地面对和争取，竟成了常来常往的朋友。两年的酸甜苦辣，凭借良好的信誉，她收获了越来越多用户的信任，也得到了媒体的报道和社会的赞扬。第一个吃螃蟹的人终于尝到了美味，盲人调音师的路总算有了隐约的轮廓。

借着为钢琴演奏家鲍蕙乔老师调琴的机会，陈燕为自己的同学和师弟师妹寻找就业机会；她自己开业，成为个体调音师；开通公益热线，每晚7点到10点义务回答用户的问题，从乐理知识和演奏方法扩展到儿童教育，再到家庭矛盾和生活烦心事，为了更好地回答大家的问题，她钻研了儿童心理学、成人心理学，还通过各种途径充实自己，她愿意和咨询者分享自己的人生经历和想法，希望能带去帮助。热线一开就是

18 年，她收获了欢乐和信任，也受到过骚扰，甚至因为说话太多而得了慢性咽炎，但是她乐于做这件事情，她喜欢被人需要，帮助他人。

为了让师弟师妹不再走自己的老路，1999 年，陈燕成立了由盲人组成的钢琴调音服务机构，出任业务经理。为了在全国范围内推广盲人调琴，2004 年，陈燕创办了中国第一家面向全国的调琴公司，出任总经理，却不拿公司一分钱工资，并将公司盈利全部投入到对盲人调音师的宣传当中。"我和健全人没有什么不同，健全人能做到的，我通过加倍努力，一定也能做到。无论现在还是将来，我都会继续默念这一句话，我相信我的路一定能走成功。"陈燕如是说。

陈燕，中国首位女盲人钢琴调音师，一路单枪匹马，10 年酸甜苦辣，让社会了解和认可盲人调琴，努力实现"要调琴，找盲人"的奋斗目标，为盲人群体创造出一条就业的新路。

姥姥从小就教育她："只要你想学，就去学。不要考虑成功在哪里，其实最重要的是过程。"她考下了深水证，学习跆拳道，会骑独轮车；2003 年，她收到了北京某大学特教学院钢琴调音专业的录取通知书；作为北京市残疾人艺术团的团员，参与了世纪剧院《吉祥古韵》的演出；参加 2008 年残疾人奥运会开幕式，在世界上唯一一个没有指挥的乐团中负责打民族排鼓；作为采访 2010 年上海世博会的盲人特约记者，也曾到全国各地为企业、大中小学、幼儿园和监狱的听众做演讲，参加社会媒体的采访、访谈和节目，写书，开微博，希望分享自己的经历给身处逆境的朋友一点启示。

一颗追求光明的心

18 岁那年，陈燕迎来了她生命里最重要的第三个人——郭长利，相濡以沫，一生陪伴。

在盲校，陈燕在众多追求者中选择了按摩班的郭长利，他像哥哥一样照顾她，为她按摩颈椎。在别人眼里，他长得难看、个子偏低、家境贫寒，还是农村户口；但在陈燕心里，他声音好听，学习好，还是学生会主席，"除了长得丑和太穷以外就没得挑了"。她相信找爱人最重要的是感情好，感情是金钱买不来的。

陈燕向郭长利表白了，但是他却拒绝了陈燕。虽然喜欢陈燕，但是他担心给不了她幸福。他把自己家里的情况告诉了陈燕并带她回家。郭长利是家里的长子，天生性角膜浑浊，13 岁没有了父亲，大姐帮衬母亲干活，二姐接父亲的班工作，供他上学，还有两个年幼的弟弟。到了郭长利的家里，陈燕注意到的不是家徒四壁，而是郭长利的懂事听话和一家人的相亲相爱、互相扶持。陈燕喜欢上了他家里的每个人，也被他的坦诚所感动，更加坚定了自己的决心，不顾朋友的劝阻和姥姥的反对，坚持和郭长利交往。

由于郭长利是农村户口，毕业后无法留在北京工作，被推荐到廊坊医院工作，他们在聚少离多中坚持着。但是，不久后，郭长利因为医院取消了按摩科而失业，本想凭借一技之长开诊所为中小学生治疗假性近视，但是一张营业执照的审批遥遥无期，苦苦等了3年。他在陈燕的鼓励下到北京发展，农村户口和盲人的形象，让他处处受阻，他说："咱们还是分手吧！我一辈子也给不了你幸福！"

为求生存，郭长利开始上街卖唱，兼职为邻居家的孩子治疗近视眼。"是金子总会发光的"，1994年7月1日，郭长利终于有了一份稳定的工作，到按摩医院做临时工，所有待遇和正式工一样。他向陈燕求婚了，她答应了，并且偷偷拿着户口本和郭长利在密云登记结婚。

两个盲人开始一起在北京谋生活。柴米油盐，样样摸索，住在冬冷夏热的出租屋里，还要经常搬家，因为房租一涨就住不起了，曾经一年就搬了7次。一年春节，农历腊月二十九房东通知搬家，越快越好，大年三十晚上，他们婚后的第一个春节，郭长利提出离婚，他担心陈燕跟着他一辈子租房过，两个人抱在一起哭了。大年初三，他们搬家了，安静的街道，洁白的雪地上留下两对脚印和三轮车的辘轳印。由于郭长利转户口的一次次受阻，他始终无法转正，错过了单位的最后一次分房。直到2002年，陈燕夫妻两人通过贷款买了自己的房子，总算结束居无定所的生活，有了"一个属于自己、温暖的蜗牛的家"，姥姥的在天之灵也该安心了。

2003年，伴随着持续的剧烈疼痛，陈燕被诊断出肚子里长了一颗肿瘤，良性恶性未知，必须尽快切除。那是全麻手术，对于一个哮喘病人来说是很危险的，但又别无选择。"我并不怕死，我觉得死在某种程度上是解脱了，我觉得活着真是太累了，尤其是盲人。我没有清楚地看见过这个美丽的世界，但我为了生活，却要比健全人付出更多。有时我也会觉得老天爷不公平，为什么我们刚刚有一点生活的希望，就又遭受这样的打击？"但是，她还牵挂着深爱的"利利"，她还有梦想没有实现。"也许我们会过得比健全人艰难，但如果可能，我要坚强地活下去。"

在大家关切的目光下，她被推进手术室，留下一个微笑，让大家不要担心。手术过程中发生了哮喘并发症，曾一度窒息；手术后，发现肿瘤是良性，3天后才脱离危险期。她以为这是她人生中最后一次手术了，但是直到 2015 年，她已经做了 11 次大手术，3 次宣布病危。

2005 年的一天，郭长利叫她起床，她睁开眼看向窗外，"天还没亮，起这么早干什么去"。之后，是久久的沉默。她按下语音表，电子声报时：上午 8 点 17 分。又重复几次，再揉揉眼睛，依旧是全黑的。"0.02 的视力，是我跟这个有形世界的联系，哪怕它仅仅是色块。"她陷入深渊，无底的黑洞。7 天的高烧夺走了她仅有的一点点光。

"适应，这是我早已习惯的人生态度，对于突如其来的苦难默默承受，选择适应。因为除了适应，我别无他法，就像有时候坚强，只是唯一的绝路一样。我在黑暗里适应着这个世界，还得活着，就得与生活握手言和。"

失去光以后，她也开始对耳朵不自信。调完琴回家的路上，她从一个高台阶上摔了下去——腰椎错位。这辈子，她不知道摔倒过多少次，每次都有无数异样的眼神和议论，她总是安慰自己"看不见，总是要摔跤的"，但这次她却格外的伤心，像是对生命中光的诀别。接下来是在按摩医院的半年治疗，郭长利和陈燕手牵着手在黎明前的黑暗里向医院走去，他是她的光亮。

她必须相信自己的耳朵，靠耳朵生活。姥姥似乎有先见之明，从来不和她说看见的东西有多美丽，她总说"听见的东西也很精彩"！这一次连判断黑夜和白天都要靠耳朵了！

生活却好像总爱开玩笑，似乎要让她和这个世界彻底断绝联系。2010 年，一场飞来横祸，陈燕被电动车撞了，导致阵发性头晕，一旦发作就会摔倒在地，只得坐轮椅。以前看不见，现在连生活都不能自理了，一切变成了家和医院的两点一线。

屋漏偏逢连夜雨，她的耳朵不知何时开始轰隆隆地响起来，停不下来的耳鸣，查不出病因。如果耳朵也不行了，看不见，听不见，这该怎么办？

3 次往耳朵里打药，每次都疼得眼泪刷刷地往下掉，最后宋大夫治疗好了她的耳鸣。又一次头晕发作摔倒，接受抢救，进行了头部手术——第 10 次手术，"我的人生似乎伴随着病痛，所以适应了从肉体传导来的信号。忍，如果忍不了就熬，反正总能过去。""跟死亡相比，疼痛显得多么微不足道，有时候它甚至成了我幸福的调味剂，

▲ 陈燕和郭长利

▲ 练习独轮车

让我明白没有疼痛的日子是多么晴朗。"

　　有记者曾经问陈燕："你渴望看见这个世界吗？如果给你三天光明，你要看什么？"她想了想，回答道："我没有渴望过看到这个世界，因为我的眼睛是治不好的。我觉得听到的世界也很美丽！"她不渴望三天光明，她在听到、触摸到的世界寻觅，通过加倍努力，她已经生活在心的无限光明中，拥有了比健全人更精彩的生活。"看不到并不可怕，可怕的是失去一颗追求光明的心！虽然我看不到这个世界，但我希望这个世界能看到我。"

你
是
我
的
眼

　　车祸留下的心理阴影，让陈燕不敢独立出行。2011 年，她向大连导盲犬基地提出申请，渴望拥有一只导盲犬——一双属于自己的眼睛。申请通过，4 月，陈燕前往大连导盲犬基地。在那里，她遇见了珍妮——一只黑色的拉布拉多巡回猎犬。

　　一开始的相遇并不愉快，淘气的珍妮对陈燕一点都不友好，带着她走得飞快，带到坑里，撞到树上，但是陈燕却觉得这是一只非常有潜力的导盲犬，并决定让珍妮做她的眼睛。

　　接下来是陈燕和导盲犬的共同训练阶段，她要学会指挥导盲犬的各种口令，明白珍妮不同动作的含义，同时建立感情和联结，让珍妮认她做主人。一同起居，走到街上，逛超市，上下楼梯，乘坐滚梯，有过摔跤，但默契在慢慢加深，珍妮认她做朋友，依旧不认她做主人，直到一次生死抉择的经历。

　　那一天共同训练过马路，珍妮带着陈燕找到了斑马线，并且在绿灯的时候用嘴碰碰她的腿，示意可以走了。陈燕就和珍妮往马路对面走，快到路中间的时候，陈燕听到了一辆声音很大的车正飞速朝她们驶来，她觉得跑不掉了，就下意识地放开珍妮身上的导盲鞍和牵引链，同时对着珍妮大喊：珍妮快跑。但是珍妮的决定出人意料，它并没有跑，紧贴在珍妮的左腿边，用它的长嘴拱她的腿，要带她一起到安全的地方去。珍妮的训练师迎着飞速的大车跑过去，边跑边喊停车，终于车子在离他们几米远的地方停了下来。生死抉择，有惊无险，珍妮成了一双真正属于陈燕的眼睛。

回到北京，陈燕满心欢喜，她本以为盲人有了眼睛就哪里都能去，再也不用别人的帮助，但是出乎预料的是，所有的公共场合都拒绝导盲犬入内。中国残疾人保护法中早有规定，导盲犬可以进入公共场合，但在现实中却处处受阻。陈燕决心走上一条义务宣传导盲犬畅行，维护残疾人权益的道路。

借助媒体的关注，陈燕终于在珍妮来到北京47天的时候带着它第一次进入超市，坚持争取下，目前北京已有部分超市允许导盲犬进入。但是，遇到拒绝最多的是公共交通，公交、火车、飞机，一些地铁站和出租车均以"拒载宠物"的名义将珍妮拒之门外，只要带着珍妮出门就要坐黑车。但是黑车的价格超出了他们的承受能力，自从珍妮来到陈燕家里，他们就没有存过钱，两个人的工资，大部分都租车了。

离陈燕家最近的地铁站是天通苑站，站长无论如何不让她们进站，在第11次被拒绝的时候，珍妮像往常一样趴在地上等待着王站长去汇报领导，一会儿一个围观的人说："快看，黑狗好像流眼泪了。"陈燕立刻蹲下身子摸珍妮的眼睛，真的湿了，还有大滴的泪珠往外涌。陈燕心疼地抱起珍妮，满怀歉意，她决定再也不带着珍妮争取坐地铁了。

其实，也许所有的拒绝珍妮都可以看明白，眼神里的冷漠伤透了它的心。义务宣传导盲犬畅行多年，陈燕也开通了微博"导盲犬珍妮"，并以珍妮的视角和口吻将经历讲述出去。随着公众对于导盲犬的了解，现在接受导盲犬进入的地方越来越多，这样的改变令人欣喜，但是这个过程却让珍妮受了不少委屈，陈燕非常心疼，倍加呵护。

车祸后遗症又一次发作，陈燕再次住院，珍妮也一直陪着。

珍妮对陈燕几乎寸步不离，一次又一次用身躯守护陈燕。当家属院的大狗向陈燕扑来的时候，珍妮没有跑而是挡在了大狗面前，导盲犬会引路但是不会打架，不会撕咬，它背上留下了深深的伤口；导盲犬被训练只能在盲人左边走，以便更好地保护盲人的安全，一次穿过狭窄的通道，一辆电动三轮车急驶而来，还没来得及反应，珍妮

▲ 陈燕和导盲犬珍妮

将陈燕撞到墙上，它却被撞了出去；身后有小偷偷陈燕的东西，珍妮就用嘴一直碰陈燕，以示提醒，这才免于损失。

陈燕也像待自己的孩子一样对待珍妮，也曾在危险时刻，甩开珍妮，自己被撞伤；带着珍妮去黄金海岸，抛球玩耍；到天涯海角，合影留念；到没有任何拒绝的地方——西藏去旅行等等。

未来还有很长的路要走，病痛纠缠不清，亲情和关爱也如影随形，珍妮如眼睛一般一路相伴，陈燕会继续为盲人权益奔走呼喊，风雨无阻。

"盲人的世界不远，不在天边也不在黑暗的角落，我们就在你的身边，我们和你一样，有梦想有期盼有自尊，也会有更多的努力。阳光、色彩和世间万物在一个盲人的心目中，比在任何一个健全人的眼中都更加绚丽。"这是陈燕在自传中的一段话。

董卿：你把一个生理上不可改变的缺陷克服了，最终变成了一个比健全人还要健全的人。你除了看不到，什么都可以做到！

扫一扫，看董艳珍精彩挑战全程

我们能看到世间万物的各色光景，她却能看穿万物的本源；我们能看到形形色色的面孔，她却能看穿面孔背后的故事。看得见的是表象，看不见的却是真相。"平民女神探"董艳珍，用她的一双眼捕捉线索，用一颗心找出真相。将不可能变成可能，这就是警界荣光！

董艳珍与"足迹"结缘，发乎兴趣，因爱沉迷，不惧威胁与阻拦，为"足迹"奉献一生，书写传奇。不管她是普通的村妇还是人民警察，骨子里的热爱从未褪去，与"足迹"对话，用"足迹"捍卫正义。

董艳珍，1972 年 6 月出生于内蒙古翁牛特旗山咀子乡南梁子村，现为吉林省松原市扶余县社区民警。她从小热爱学习曾祖父的足迹追踪技巧，16 岁开始协助警方破案，先后被内蒙古、黑龙江、吉林、辽宁、山东等地的 50 多个市县区级林业、铁路公安机关邀请协助破案。只要她发现了犯罪嫌疑人留在现场的脚印（足迹），这个犯罪嫌疑人的性别、年龄、体形以及行走时的特征等均一览无余，犯罪嫌疑人将无处遁形。到 2015 年为止，董艳珍已经直接或间接协助破获全国各地各类刑事案件 1500 余起，是百姓心中的"女神探"。中央电视台《新闻会客厅》《东方时空》《半边天》《百科探秘》等栏目以及江西卫视、山东卫视、吉林卫视等几十家媒体都曾播报过她的精湛技艺和传奇经历。

绝不可能成功的挑战

2015 年 8 月，《挑战不可能》第一季第一期，迎来了一位来自吉林松原的女警察——董艳珍。

一句简短的自我介绍、一身警服、一个标准的敬礼，董艳珍就这样登上了央视《挑战不可能》的舞台。

主持人撒贝宁口中的"足迹专家董警官"要挑战什么呢？"我要挑战足迹寻人，就是通过看脚印来找人。"董艳珍说得轻巧，却语惊四座。当大家得知董艳珍只是一名普通的社区民警，而非公安刑侦部门的专业刑警时，对这项挑战更加充满疑惑和不解——足迹寻人，这个普通得不能再普通的社区民警能做得到吗？周华健和董卿两位评委都觉得不可思议，只有同为警察的评委李昌钰博士丝毫不觉得惊讶，微微一笑。

为了能让大家迅速了解到底什么是足迹识人，主持人撒贝宁准备了一个入门级别的小测试。由评委周华健和两名与他身高体重相近的观众进入到场地中央，随后三人在涂好药水的特制亚克力板上分别留下足迹。董艳珍要根据三组足迹，准确判断出哪一组是周华健留下的。

董艳珍戴上眼罩和耳机，坐在舞台边缘静静等待。

为了增加测试的难度和趣味性，主持人撒贝宁灵机一动，让其中一名观众与周华健调换鞋子，并且周华健还要把那位观众的鞋子左右脚颠倒地穿上，然后用左右脚颠倒的方式交叉走路。看似简单的随机测试瞬间变得比真实案件更加扑朔迷离。

安静地坐在舞台边缘的董艳珍对此毫不知情，董卿和李昌钰笑而不语，当事人周华健则表示，这对董艳珍来说，实在是太不公平了，因为没有哪个嫌疑犯会用这种方式来走路。

足迹采集完毕，董艳珍回到舞台中央开始进行分析辨别。董艳珍面临巨大的考验！她一板一眼地记录分析。评委李昌钰说，董艳珍如果能够成功，那本领就太高了，他都想要拜董艳珍做师傅。

董艳珍分析辨别的工具十分简单：一把卷尺，一支笔和一个本子。简单的观察和测量后，董艳珍便在本子上记录下脚印主人的特征——性别、身高、体重、腿型、年龄、走路方式等等，仅凭几行足迹，董艳珍就掌握了一个人如此多的"秘密"，约20分钟以后，董艳珍胸有成竹地转身，"可以了"。她对足迹的确认已经完毕，接下来就是要观察之前三位参与者的走路方式，这也是董艳珍足迹寻人中的一个关键环节。周华健和两位观众在董艳珍的指挥下来回行走，四五次之后，董艳珍莞尔一笑，用不容置疑的口吻说道，"好了，我知道哪个是了。"她走向摆放足迹的台子，指着中间那组足迹，坚定地说："就是这个。"

欢呼声与掌声交织在一起，满场皆惊叹。周华健看到董艳珍通过足迹观察出的信息，和自己完全符合，简直无法置信。董艳珍竟能如此轻而易举地完成测试！

如果说这一次的测试艰难无比，那么接下来的正式挑战可谓真正的"不可能"。

节目组找到了30位身高、体重、年纪相仿的女模特，她们将会依次走过亚克力板，挑选其中一人留下足迹后，再换上一模一样的新鞋子。董艳珍要通过分析足迹和观察30位女模特的走路姿态，找出足迹的主人。

30位女模特出现在舞台中央的那一瞬间，所有人都惊呆了。华人神探李昌钰说，这个挑战已经远远超过了正常的刑侦工作难度，起码是他们一个月的工作量，而且最少要有6个专家进行分工同时进行。

▲ 30名模特

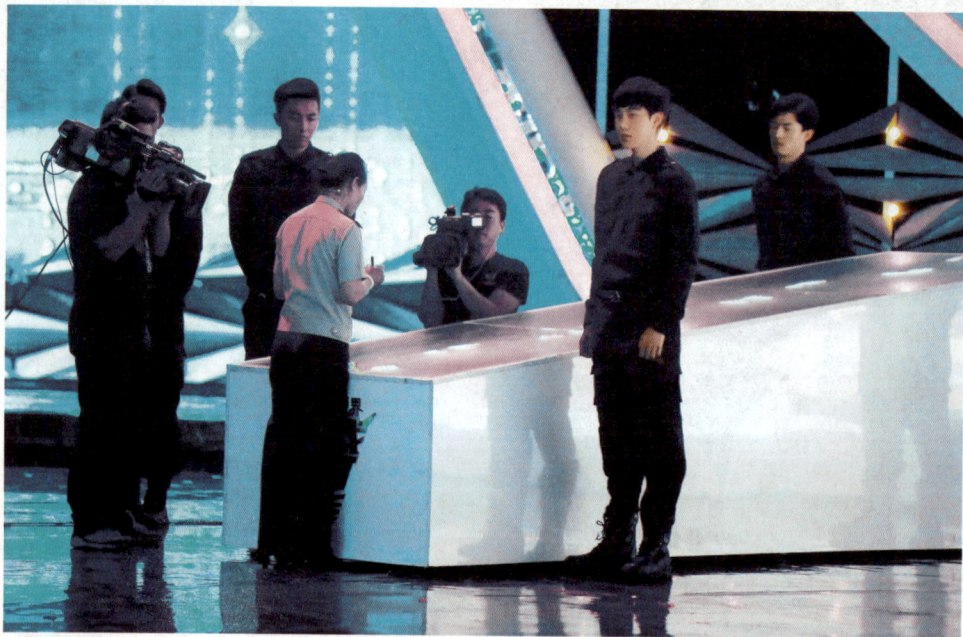

▲ 董艳珍测量足迹

▲ 漫长的验证过程

挑战开始！评委李昌钰选中了 24 号模特留下的足迹。一切准备就绪，董艳珍开始了对足迹的观察，一样的一丝不苟。当董艳珍看到主持人撒贝宁请出的 30 位挑战助理时，她也有些许的吃惊，但丝毫没有动摇。

四人一组，一来一回，一遍又一遍。

经过专业训练的 30 位女模特简直如出一辙，一样的鞋子，甚至几乎相同的行走方式。时间就在这循环往复的观察中一点点流逝了，董艳珍意识到自己遇到了真正的挑战，现场的气氛也越来越紧张。

两个小时过去了，董艳珍留下了 5 名模特，但是 24 号并不在这之中。

董艳珍开始产生了疑虑，她依旧在仔细地分析、识别，没有注意到时间的消逝和漫长的等待中观众们渐渐失去的耐心。一定有很多人认为，董艳珍的挑战注定要失败了。正在此时，主持人撒贝宁叫停了董艳珍，"非常遗憾，但是挑战已经结束了！"

面对撒贝宁宣布的结果，董艳珍不能认同，她想坚持，她不放弃。而撒贝宁也坚持自己的态度，认为她已经挑战失败，在两个人为了挑战规则据理力争的时候，李昌钰打断了他们。

"我们看足迹通常要看许多遍的，不是只走一遍，而且我们有几个专家一起会诊。这么多人，我一生从来没有遇到过这么困难的挑战，假如是我，我至少要看几天，才能做最后的决定。我觉得这样对董警官，太不公平了！所以我建议，我们要让她们重走一遍！"

李昌钰老师的话让所有人重新认识到了这项不可能的任务对于董艳珍的难度和挑战，终于，又一次专注地观察和缜密地分析，董艳珍不负众望，准确地找出了足迹的主人——24 号女模特！

如雷的掌声，海啸般的欢呼，整个演播厅一瞬间沸腾。几个小时疲惫和沉默的等待，让他们得以见证如此精彩、奇迹般的一刻！

"真的太了不起了！"三位评委竟一时语塞，不知该如何表达对董艳珍的赞美和肯定。

仅凭一行足迹，解读生命个体的差异，凭借对人类行走特点的极致观察能力，董艳珍一个人在几个小时内，完成了几个专家在一个月内才能完成的工作，她完成了华人神探李昌钰眼中都绝不可能成功的挑战。

年度挑战王

在 2015 年 10 月 25 日播出的《挑战不可能》年度总决赛中，董艳珍再一次技惊四座——凭借足迹寻人的技术，从 15 个穿着打扮完全相同，身高、体重、年纪相仿，而且还戴着面具的孩子中，准确找出了来自同一家庭的同卵四胞胎。找出该四胞胎后，他们分别在不同的台子上留下自己的光脚脚印，董艳珍通过对脚印以及穿上鞋子之后四胞胎的步态的分析观察，经过两次挑战终于成功找到了四个孩子分别对应的脚印！

同卵四胞胎极其相似，董艳珍在观察的过程中也陷入了困境，第一次挑战只选对了一个孩子的足迹。她拿着本子对着足迹分析，寻找出现问题的原因。

第二次机会，镇定自若，吸取教训，几十分钟内成功辨别了四个孩子的足迹，匹配成功！评委李昌钰从未如此激动，他为董艳珍的成功感到无比骄傲！他说，美国人听说了董艳珍的技术，想邀请她前去协助破案。

挑战成功后，除了董艳珍，所有人都欢呼赞叹，只有她连评委的点评都顾不得听，安静地在自己的本子上写写画画，若有所思。她是在找自己的错误。一分一秒都刻不容缓，对于董艳珍来说，"足迹追踪"已经刻在了骨子里，融进了血液里，是她生命中永远无法分割的一部分。

▲ 董艳珍在《挑战不可能》年度总决赛舞台上

▲ 董艳珍和同事们来不及回家，一起在单位吃工作餐

最后，董艳珍以 230 票的分数，荣登《挑战不可能》的年度挑战王！

获得荣誉的那一刻，董艳珍抬手自然而然地敬礼，那份淡然，让人心安。就如同她本人，平平淡淡、简简单单，在一个小小的县城里工作，但只要任何地方需要她，她就义无反顾地出现在那里，用自己的技术为大家排忧解难，是当之无愧的"女神探"。董艳珍不仅仅是《挑战不可能》的挑战王，也是为百姓、为刑侦工作奉献自己的巾帼英雄！

董艳珍的独门绝技，绝非一日之功。多年来，她对足迹追踪的热爱、日复一日的钻研与练习和一颗为刑侦事业奉献自己、为人民百姓服务的心，造就了她今日的成功和传奇。成功的背后要经历怎样的艰苦训练，观察过多少人，写满过多少个本子，测坏过多少把尺子，只有她自己知道。

　　足迹追踪是董家的祖传技艺。这门技术是董艳珍的太爷爷董长存发明的，而她的爷爷董世玉更是远近闻名的"足迹神探"。当年，董艳珍的太爷爷董长存给地主家看守林子，林子里的东西却经常被偷，但董家贫苦，根本没有钱来赔偿，为了找到偷东西的人，寻回被盗的财物，太爷爷在不断地观察和积累中发现了足迹中隐藏的奥秘，练就了足迹追踪的技能，并成了董家祖传的绝技。但，并不是所有董家的孩子都能学习这项技能。董艳珍的爷爷董世玉身怀绝技，经常协助办案，不料却遭人报复，害死了自己的儿子——董艳珍的叔叔。如此一来，为了保护董家人的安全，避免重蹈覆辙，董家人决定——足迹追踪学传男不传女。女孩文弱，若是入了这一行，所面临的危险不言而喻。

　　董艳珍虽然是个女孩，但对爸爸和爷爷靠着足迹追踪破案、抓坏人甚是崇拜，由此产生了浓厚的兴趣。家人越是阻拦，越适得其反。足迹追踪对于董艳珍来说，就像是一个未解的谜。大门紧闭着，她透过窗偷偷张望，她总是在爸爸和爷爷不经意的时候偷偷学习，每次他们讨论案情，董艳珍就在一旁留心听，用心记，努力学。

　　足迹追踪在董艳珍的心里扎了根，她认真地浇灌、培养。爸爸和爷爷怎样做，她就跟着模仿。有一次，趁着家里没人，董艳珍想起了爷爷和爸爸经常拿回家的脚印模子，也想给自己做一个。年幼的董艳珍以为白色的就是面粉，于是就去自家的菜园里踩了一个深深的脚印，并将掺了水的面一股脑倒了进去。经过了漫长等待，好不容易等到面粉变干的她却望着干面疙瘩傻了眼，董艳珍才意识到自己闯祸了，浪费面粉这样珍贵的粮食可是大错。

为了不被发现，她用报纸把自己的"犯罪证据"包裹好，藏进了煤仓。纸包不住火，在董家这样一个"神探"家庭，董艳珍的"罪行"很快就被发现了，妈妈一口断定是董艳珍干的，董艳珍被吓坏了，等待着"枪林弹雨"的到来。但妈妈并没有打骂她，反而给她解释了脚印模子是用石膏做的，石膏和面粉有何不同。这件事让董艳珍对于足迹追踪的热爱终于在全家人面前暴露无遗。

妈妈没有阻止董艳珍的学习，并且帮助她从动物入手训练足迹追踪的技能。每次，妈妈总是会把家里的毛驴牵到不同的地方去放养，到了晚上就让董艳珍独自去寻找。而董艳珍把握住机会，从毛驴开始做实验，自己学习足迹追踪，认真地观察毛驴的步型特征，为了观察其负重走路的特征，有时会骑到毛驴上，但也经常被毛驴甩到地上。

14 岁那年，董艳珍所在村子里一户人家丢了粮食。董艳珍的爷爷带着她到现场去观察足迹，走着走着，足迹却消失了。正当爷爷董世玉在判别最后一枚足迹的时候，董艳珍的一句话，让爷爷吃了一惊。"足迹没了，可以根据地上的粮食粒继续寻找。"董世玉没有想到，自己才十几岁的小孙女居然有这样的想法。

案子按照董艳珍的思路成功破获，董世玉却陷入了矛盾之中——董艳珍的兴趣、天赋和努力，他都看在眼里，不想埋没了孙女的才华，但又想保护孙女的安全，遵守家规。董世玉最后终于妥协了。每当董艳珍有问题问他的时候，他都耐心地解答，偶尔还会指点一番。董艳珍的爸爸在董艳珍的坚持和妈妈的说服下，只好勉强妥协了。

1988 年的夏天，机缘巧合，董艳珍第一次独自协助警方破案。那一年，她才 16 岁。

内蒙古赤峰市广德公镇王家村发生了一起纵火案，新收上来的将近 2500 公斤谷子被人故意烧毁。警察调查三天毫无头绪，就跑来董艳珍家里请她的爷爷帮忙。不巧的是，当时董艳珍的爷爷刚刚做完手术在家养病，根本没办法下床，董艳珍的爸爸又不在家，

▲ 董艳珍在案发现场测量并记录数据

▲ 董艳珍处理案件资料

于是董艳珍就被爷爷推荐出来，说她已经学了两年多了，也许能帮上忙。

16岁的董艳珍随着警察到了王家村，却被村民拦在了案发现场之外。不少村民都以为警察接来了一个多么了不起的人物，没想到却接来了一个黄毛丫头，她来能干什么呢？这不是给办案添乱吗？董艳珍只好解释自己不是来看热闹的，而是来帮忙破案的。村民们听了这话更加气愤，黄毛丫头还能帮忙破案？简直太不负责任了！无奈之下，警察和村长只得好好解释，安抚村民的情绪，董艳珍在一片质疑声中进入到案发现场，寻找足迹。

绕着现场好几圈，董艳珍终于在案发地点外围30多米远的地方发现了几枚拧动的足迹。仅凭这几枚足迹，董艳珍用了两个小时左右的时间就判断出来，这些脚印的主人年龄在45岁上下，身高1.82米，还是一个罗圈腿，微驼背。警察根据这一线索，按照足迹追出了将近3公里，绕过好几个村子，终于找到了嫌疑人的家。村民们对董艳珍的态度也完全转变！才16岁的董艳珍非常兴奋，期待着爷爷的夸奖。但爷爷却告诉她，要想做大事，必须要沉稳，不能慌慌张张，自乱阵脚。

16岁的董艳珍，初次协助破案便一举成功，初露锋芒。爷爷的谆谆教诲也让她知道，既然学会了这项本领，就要肩负起家族的使命，肩负起履行正义的责任。一次小小的成功，不值得沾沾自喜，用自己的本领帮助更多的人才是学会足迹追踪的意义所在。

从 16 岁开始到 2015 年，董艳珍协助警察破获了 1500 多起案子。她也从一个未成年的小女孩，成为了两个孩子的母亲。虽然她的身份和角色一直在不断地发生着改变，但她的梦想始终未变——成为一名正式的人民警察。

1990 年，董艳珍参加高考，为了自己的"警察梦"她报考了警校，但因为成绩并不如意，最后与警校失之交臂。

最后她放弃了继续读书，嫁给了内蒙古赤峰市梧桐花镇铅锌矿区的一名矿工。她在矿区开了一家小卖部，然而开业仅仅一个月，她的小卖部就失窃了——几百元钱和十几条香烟被盗。

董艳珍用自己的足迹追踪技术，根据现场留下的鞋印特征很快追到一家农户门前。盗窃者没想到自己会被董艳珍找到，把偷来的钱和香烟全部还给了董艳珍。一时间，董艳珍在当地出了名，所有人都知道她能够通过看脚印来破案。自此之后，远近的乡镇无论哪里发生了案情，都会请董艳珍出场。

与警校擦肩而过的她，并没有放弃过成为一名警察的梦想。她刻苦钻研，不断提升自己的技术，努力地帮助附近的百姓解决难解的案子。

上天总是会把机会留给认真努力、坚持梦想和永远准备着的人，直到 1998 年，董艳珍被梧桐花镇铅锌矿公安处聘为技术员，协助警察办案。这也成为她走近梦想的第一步。

后来，中国刑警学院足迹学专家吴旭芒在内蒙古办案期间，听说了董艳珍的事迹，十分惊讶，和董艳珍交流后，吴老师建议她去中国刑警学院学习痕迹检验，填补她在理论知识方面的空白。能够进入高等学府求学是董艳珍梦寐以求的，却被 4000 元的学费困住了手脚。

为了实现梦想，董艳珍不愿放弃这宝贵的机会，便向矿区财务处提出了自己想借钱求学的想法，矿里的领导对她的想法非常支持。拿到 4000 元学费的那一刻，董艳珍喜极而泣。学费凑齐了，董艳珍也离她的梦想更近一步了，她要载上梦想的小船，准备扬帆起航。然而，这一切并非如想象中那般顺理成章。

当董艳珍怀着忐忑的心情，把要去求学的想法告诉了自己的丈夫和婆婆时，不出所料，遭到了一致反对。董艳珍挣扎过，她必须要在家庭和梦想之间做出选择。她想起母亲临终前对她说的话，"足迹追踪这项技术是一块金子，你必须要发扬光大，不然它就会变成一块乌金。"最终，董艳珍还是不顾家人的反对，坚持去中国刑警学院学习。

学习期间，董艳珍门门课程优秀，并在 2002 年 8 月以优异的成绩完成了学业，获得了中国刑警学院颁发的大专文凭。学习期间，董艳珍还在《人民公安报》上发表了《步伐特征在侦查破案中的应用》《运用步伐追踪勘察外围现场》等多篇实用性很强的技术论文。

有了理论知识做基础，董艳珍如虎添翼，破案更是得心应手。可就在她毕业这一年，矿区因为经营不善破产，董艳珍下岗了。但董艳珍没有放弃梦想，也没有遗忘自己的使命，她一直等待着，等待着梦想照进现实的那一刻。

2003 年，机会又一次降临了。吉林省长岭县公安局被董艳珍的传奇经历所吸引，想要聘请她担任刑警中队的技术员，但又担心她是浪得虚名，没有真本领。于是，长岭县公安局找到了董艳珍，让她试着破几个案件来一展身手。半个月的时间，董艳珍

▲ 几年前董艳珍考进松原市公安局宁江一分局文化派出所

就凭借她的技术帮助长岭县公安局连破 7 起案件！长岭县公安局的工作人员都对她赞赏有加。

　　要到吉林省长岭县工作，董艳珍再一次遭到了丈夫和婆婆的一致反对。忙于工作、经常外出办案的董艳珍几乎要被村子里的流言蜚语湮没，丈夫提出了离婚。净身出户的董艳珍放下一切，来到吉林长岭，开始了独自一人的协警工作。董艳珍破获的案子越来越多，她的名气也越来越大，外省警方有疑难案件时，她都会出手相助。用自己的技术和智慧协助警方破案。

　　终于，2009 年，董艳珍的梦想实现了！她协助长岭警方破获了一起"三尸四命"的金店抢劫案，董艳珍的足迹追踪技术帮助专案组少走了很多弯路。这一次，吉林省公安厅破格录取，董艳珍从"编外协警"成为了正式的公安警察。同年 3 月，因为董艳珍的特殊技能，她被吉林省公安高等专科学校聘为客座教授。

　　董艳珍用自己的努力创造了一个又一个人生的传奇。

敞开『独门』传绝学

如今的董艳珍，早已成为吉林省松原市宁江区一位正式的社区民警，她仍在为了协助破案四处奔波。她的女儿已经 20 岁了，偶尔她会带着女儿一起去现场，教导女儿一些足迹追踪的技巧。再婚后的董艳珍还有一个儿子，对足迹追踪这门技术同样很感兴趣，她也想把技能传授给自己的儿子。

在挑战不可能的舞台上，当评委董卿问以后想把技术传给儿子还是女儿时，董艳珍羞涩地笑笑，云淡风轻地说道"都要传"。董艳珍接受采访时还说过，只要孩子喜欢学习，她就会毫无保留地把技术传授给他们。

而董艳珍真正做的，不仅仅是把技术传授给自己的孩子。

她现在正在开发一款"足迹追踪"的专业软件，她想要把足迹追踪这门技术以数字化的形式表现出来。董艳珍还想要接收一些学员，讲授董家"足迹追踪"的独门绝技。在董艳珍这里，董家的"独门"将向所有同道中人敞开，这项技术一定会在更多人的钻研之下越来越成熟。

绝技是董家祖传的，但比起技能本身，董家的精神才是最应该被传承的。

董艳珍不负家族使命，不在乎是男是女，也不在乎是谁的孩子，她要把

▲ 董艳珍送5岁的儿子上幼儿园

董家的这块"金子"传承下去，让它的精神，永远闪闪发光；让它的价值，永不磨灭。

一个本子，钻研追踪绝技；一把短尺，丈量无限人生。

是董艳珍告诉我们，若没有艰苦卓绝地努力过，你该如何配得上自己的梦想呢？

没有任何成功不需要拼搏，没有任何得到不需要放弃，没有任何梦想不需要执着。

人生就是这样，我们总要肩负些什么，无论是责任、使命还是梦想，正是这些才让我们的生命充满无限的可能、意义与价值。

李昌钰：我一生碰到过很多分析专家，她是我碰到里面数一数二的，是一个很值得骄傲、宝贵的，我们公安的人员。

第五章

中国的『蜘蛛侠』——钟齐鑫

扫一扫，看**钟齐鑫**精彩挑战全程

　　钟齐鑫现任中国国家攀岩队队长，也是青少年攀岩推广大使。从 2005 年接触攀岩起，他获得过 20 余次世界攀岩冠军，其他大小项目冠军 30 余次，并于 2015 年获得攀岩大满贯。2007 年 9 月 22 日，他获得西班牙世界攀岩锦标赛速度赛第一名，并创下世界纪录，同时成为了中国乃至亚洲第一个攀岩大满贯选手。2007～2012 年期间，他四次获得世界攀岩锦标赛的冠军；在 2015 年 7 月的 IFSC 世界杯攀岩赛法国站速度赛中，他获得季军。他是世界攀岩速度最快的人，徒手爬上 5 层楼的高度，只需要 5 秒多一点。

　　他所获得的荣誉多不胜数，曾于 2007～2012 年连续 6 年获得国家体育总局授予的中华人民共和国体育运动荣誉勋章；2008 年获国家体育总局颁发的"国际健将"运动等级证书；2009 年体坛风云人物年度非奥运动员奖候选人；2011 体坛风云人物最佳非奥项目运动员奖提名奖；2011～2012 年连续两届获 CCTV 体坛风云人物非奥项目提名奖；2011 年获得中国登山协会年度"最佳运动员"；2012 年体坛风云人物年度最佳非奥运动员奖提名奖；2014 年体坛风云人物年度最佳非奥运动员奖候选人；2014 年获得第九届中国户外年度金犀牛奖、户外体坛风云人物奖；2014 年获得江西省赣州市十大杰出英才；2015 年体坛风云人物年度最佳非奥运动员奖候选人等。

一次失败的挑战

钟齐鑫——这个来自江西省赣州市全南县，身高 170 厘米的小伙子，现在是中国国家攀岩队的队长，年轻健康，充满活力。这个年仅 26 岁的大男孩，已经在攀岩运动的道路上前行了 11 年，早已是攀岩运动场上的一名老将。

以往的赫赫战功，无不彰显出钟齐鑫的实力。在中央电视台《挑战不可能》的舞台上刚一出场，他帅气的形象就让大家倍感振奋。强健的身躯，紧实的肌肉，一身干练的红色运动服，以及率真明朗的气质，这个阳光大男孩所展示出来的一切都让我们对他的这次挑战信心十足。

当钟齐鑫熟练地涂抹了防滑粉并佩戴好护具，毫不犹豫地走向挑战的阶梯前时，我们仿佛看到一束光芒照耀在这位运动健将的身上。每个人的内心都十分渴望并暗自期待，这个年轻的生命能够如夏花般在《挑战不可能》的舞台上绚烂绽放。

聚光灯聚照在他的身上，钟齐鑫开始了挑战。挑战的规则是：挑战者需要通过单臂力量向上攀爬，到达斜梯的第 40 级时，即为挑战成功。

这个项目是一次对人体上肢的爆发力、手的握力、身体协调性、肌肉耐力的极考验。

挑战者每次提升的瞬间，单臂承受的力量相当于体重的 2 ~ 3 倍。

在镜头下，40级阶梯显得是那么遥远，距离地面高度将近6米，即使看上去都让人觉得头晕目眩。此时，众人已将期待的目光紧紧钉在钟齐鑫的身上。

随着主持人撒贝宁发出开始讯号，钟齐鑫利用手臂力量飞速向上攀越，攀到第10层时，工作人员为保护他的安全而拉得过紧的威亚，打乱了钟齐鑫攀爬的节奏。此时主持人撒贝宁迅速做出判断，通过与工作人员沟通，调整了威亚的拉伸状态，随后钟齐鑫继续挑战。

到达第24层时，钟齐鑫再次停了下来，这突然的停顿，让在场所有人都屏住了呼吸。钟齐鑫回头看向评委席，稍作犹豫之后，他要求放下威亚。

钟齐鑫突然不明原因的降落，让所有人的内心都蒙上了一层阴影。钟齐鑫解释道，重心偏了，但调整之后可以重新攀登。这让现场的观众又重新燃起了希望，期待着他能够把握住最后的机会，不要再发生什么意外。

20分钟过去了，钟齐鑫不停地做着舒展运动，现场所有人都在焦急地等待着。大家都知道，经历过一次剧烈的攀升运动过后，钟齐鑫已经消耗了巨大的能量，这样短暂的调整，真的能够让他完成接下来的挑战吗？

正当所有人都在心底纠结怀疑的时候，钟齐鑫的第二次挑战开始了。

这一刻，场上所有的评委和观众，都站起身来，共同为这位勇士加油助威。

攀爬至第25层时，钟齐鑫再次停了下来，回头望向评委席。在事后的采访中，周华健老师说："觉得他的整个人都慢了下来。"

但短暂的停止之后，钟齐鑫选择继续攀升。现场的观众都在为他高声呐喊，人们跟随着他攀爬的节奏，倒数着剩下的阶梯，10、9、8、7、6……

还剩最后5层的时候，钟齐鑫脸上呈现出痛苦的表情。在后期的采访中，钟齐鑫说："差不多过了30层的时候，自己的手已经开始麻痹了，最后是真的在用毅力坚持。"

仅剩5层阶梯，却面临着极度透支的体能，李昌钰老师为他紧张地攥紧了双拳。

主持人撒贝宁声嘶力竭地为他呐喊助威，这个阳光大男孩再一次选择了勇敢地向上攀登，可是就在触碰到第36层的时候却滑落了下来。

采访中，钟齐鑫说道："我也不知道我能爬到第几层，但是我一定会尽

▲ 钟天鑫进行挑战

我最大的努力。"

即使前路一片渺茫，但仍旧要拿出一往无前的勇气，拼尽全力，放手一搏，这就是他挑战的态度，这就是属于钟齐鑫的刚强！

虽然挑战失败，现场依旧为他响起了热烈的掌声，观众和评委用这种方式表达了对这位英雄的尊重和敬佩。在钟齐鑫挑战的过程中，我们看到了他的虔诚和勇敢，同时我们也看到了，人们对勇于挑战的斗士的认可。或许这就是挑战精神的最好诠释，在奋斗的路上，没有失败者，只有直面挑战的勇士和勇往直前的英雄。

钟齐鑫摘下护具的一刹那，主持人撒贝宁不忍直视，经年而成的两块手茧因为不堪这样超乎强度的磨损而脱落，鲜血渗出手掌，触目惊心。

我们虽没有见到那血肉模糊的场面，但仅仅是通过他们的反应，都足以想象到其中的痛苦。当钟齐鑫攀爬至第 20 级的时候，他的手掌就已经破裂，霎时停顿，是因为他非常清楚当时的状态，但他仍然选择了坚持。究竟是怎样的韧性，让他用这受伤的手掌，攀爬至第 35 级阶梯？又是如何在极端痛楚之下，仍面带微笑，奋力向上？

钟齐鑫没有解释，也没有抱怨，他只是用异常平静的声音陈述了这个事实。是的，忍住受伤的双手带来的痛苦仍要坚持完成最后的 15 格，在这样坚韧的毅力面前，任何语言都已经显得苍白无力。

也许钟齐鑫已经习惯了这样的生活，在台下他曾经做过无数次的尝试，都没能成功。也许那些艰难的训练，远不止手掌破损这样简单。但现实的压力并没能让这个小伙子望而却步，他始终坚信体育精神中最重要的就是持之以恒。这些年他掌心生出的层层厚茧，都是岁月留下的斑驳痕迹，这是独属于钟齐鑫的珍贵记忆。

"有些遗憾，但是我要带着骄傲的神情和语态来宣布这件事情，那就是钟齐鑫光荣的挑战失败了。"主持人撒贝宁以这种方式表达了他对钟齐鑫的肯定和敬佩。

即使这次挑战并未成功，但一切都并没有结束，真正的精彩，才刚刚开始。

极度透支的体能，严重受伤的右手，依旧不能阻挡钟齐鑫对攀岩的坚持，因为钟齐鑫还有另外一个使命——青少年攀岩推广大使。钟齐鑫已经囊括了速度攀岩的所有世界冠军，而比起他曾经取得的成绩，他更关注中国攀岩运动的发展。

　　"现在就是希望通过我的成绩，我的努力，带动中国攀岩的发展。很多人不了解攀岩，觉得它很危险，很难，但其实不是这样的。""这项目其实乐趣很多，起点不高。""每个人都能当成游戏和兴趣去尝试尝试。"

　　攀岩运动对青少年性格培养的帮助显而易见，钟齐鑫坦言自己的意志和心态都因攀岩而发生了显著变化，"面对困难、面对挑战，接受它，战胜它，这就是攀岩。"

　　钟齐鑫在手掌受伤的情况下，选择继续攀岩项目，他用迅捷的动作，疾风一般的速度，仅仅用时3秒就到达顶层，引起现场众人的一阵阵惊呼。

　　虽然手部的意外受伤加大了攀岩的难度，钟齐鑫依旧完美再现了"花式速攀"的魅力，速度之快令人瞠目结舌。每次脚尖的轻轻踮起，手脚之间的无缝配合，极致的速度与柔韧，缔造了独属于钟齐鑫的绝世舞步。

　　评委董卿动情地说道："虽然在你真正的挑战项目上，没有能够成功，可是你之后的，你自己专项的表现，让我们看到中国运动员不畏艰难，勇于攀登的一种精神。"

　　经过评委们的讨论和现场观众的表决，钟齐鑫虽然在挑战项目上失败了，但仍然凭借自己惊人的勇气与坚忍不拔的精神步入了荣誉殿堂。

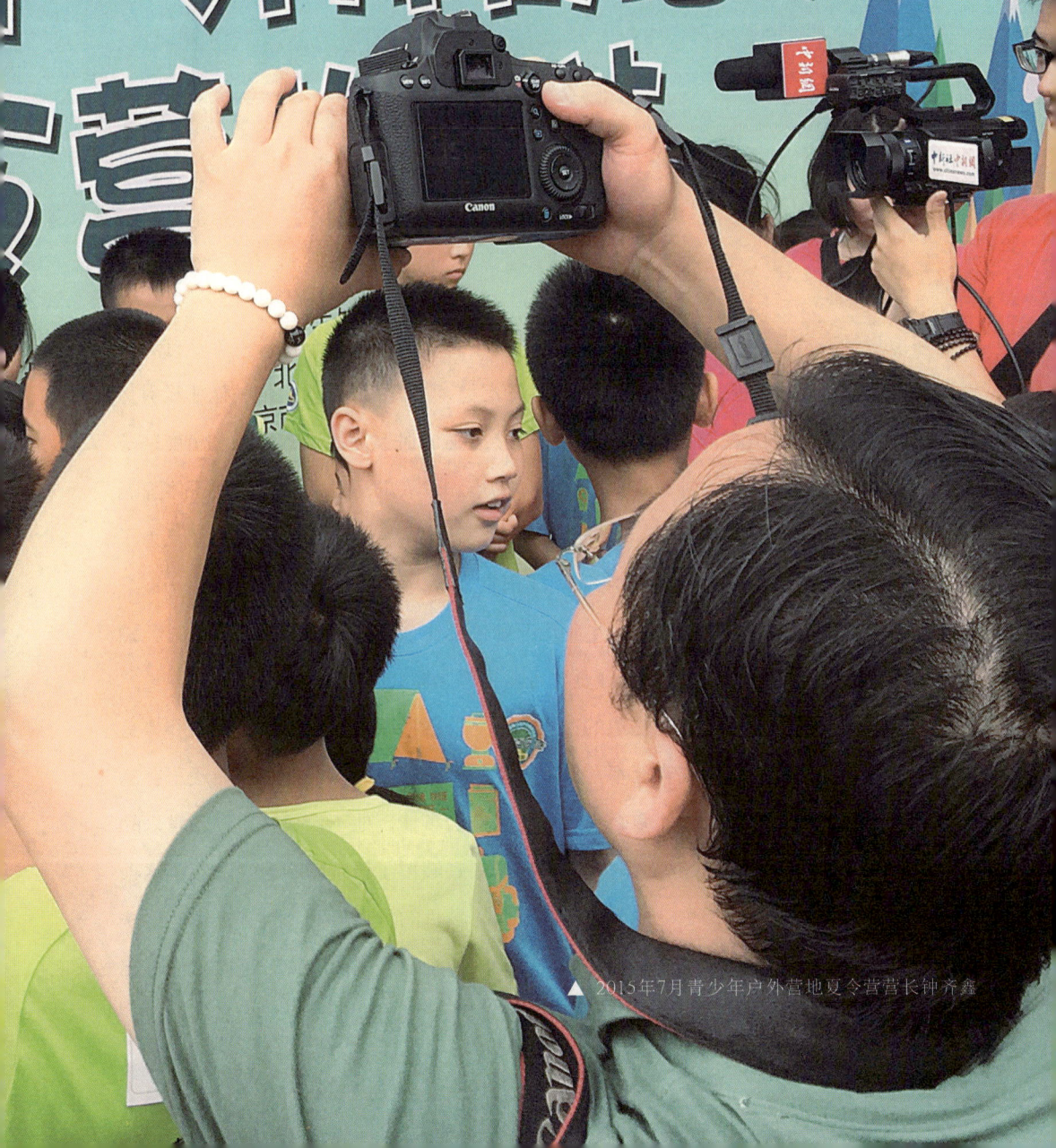

▲ 2015年7月青少年户外营地夏令营营长钟齐鑫

18岁打破世界纪录

可以说钟齐鑫是所有男孩心中最想成为的那个超级英雄，这个传奇少年，有着英俊的外表和数不清的荣誉。他带着超越他年龄的沉稳，让我们不由自主地被他所吸引。

1989 年 4 月，小齐鑫降生在赣南农村的一个普通农民家庭。钟齐鑫在赣南度过了无忧无虑的童年。初中时，钟齐鑫良好的身体素质和过人的运动天赋，引起了体育老师温日森的注意。在他的指导下，钟齐鑫夺得了全县中学生运动会的短跑冠军。为了不耽误这棵好苗子，温日森将钟齐鑫推荐给了国家攀岩队教练丁承亮。

2004 年 9 月，钟齐鑫进入大学，半年后开始接受业余攀岩训练。2007 年 4 月，钟齐鑫入选国家攀岩集训队，从此开始了他的征服世界之旅。

2007 年 9 月，在被誉为"悬崖边的白色小镇"的西班牙阿维里斯，钟齐鑫夺得第九届世界攀岩锦标赛男子速度赛冠军，创下世界纪录。那个时候的他，可能还不曾意识到这枚金牌对中国而言是一件多么具有历史意义的事情。他不仅成就了自己攀岩的梦想，完成了一次不寻常的超越。同时他也彻彻底底颠覆了传统的观念，改写了这项运动被欧洲人包揽奖项的历史，成为亚洲首个攀岩项目的世界冠军。钟齐鑫回忆第一次赢得世界冠军时，国外对手故意挑衅他，"他们特意走过来对我说，下次咱们再比比呀。那种轻蔑的语气，透着发自内心的看不起。他们觉得，让你亚洲人赢这一次，只是偶然而已。""我用成绩证明了，亚洲人、中国人照样能成为攀岩世界冠军。"

随着年龄的增长，钟齐鑫逐渐意识到人生奋斗的方向。他始终保持着最佳的状态，加强训练强度，不断追求新的攀岩速度，一次次刷新世界纪录。

钟齐鑫没有优越的家世，他只是用坚持和努力，亲手为自己砌筑了一条通往未来的光明大道。他的教练丁承亮评价他："训练刻苦，悟性很高，意志力、柔韧性和协调性都很好。"

然而我们不知道的是，这样一名优秀的运动员，曾经被恩师要求"停训"3个月。其实在夺冠之前，钟齐鑫在各项比赛中的成绩始终不佳，心态也不够积极，水平难以得到提升。2006年6月，因为对教练的训练意图理解存在偏差，他被迫告别岩壁3个月。而就是在教练刻意安排的这次"停训"中，钟齐鑫破茧成蝶，完成了自己的蜕变。

这段备受煎熬的日子里，钟齐鑫很迷茫，甚至想过要放弃攀岩这项运动。但这期间家人和朋友给了他很多安慰和支持，钟齐鑫也没有停下思考。家人的鼓励使钟齐鑫点燃了坚持的火苗，让他重新审视自己的人生，也终于帮他看清了前路，再度燃起了奋斗的欲望。经过3个月的"停训"，他意识到："一个男子汉应该有所担当，不能一味退缩，要有勇气去战胜困难。"

心态平和了，事情也就进展得顺利了。接下来的时间，钟齐鑫排除杂念，将所有的精力都倾注在攀岩这项运动上，先后获得亚洲极限运动锦标赛速度攀岩第3名、全国锦标赛冠军、全国大学生锦标赛冠军、世界杯攀岩赛第5名、2007年世界攀岩锦标赛冠军。

而这些比赛的胜利又拓宽了钟齐鑫脚下的路，他放稳心态，又以迅雷不及掩耳之势，接连拿下了2007年第五届全国极限运动会速度赛冠军、2008年亚洲锦标赛速度赛冠军、2008年法国世界杯速度赛冠军、2008年全国山地运动会速度团体冠军。

尽管战绩赫赫，但我们在这个26岁的小伙子身上，看到更多的是腼腆和真诚。我们相信他将作为中国攀岩代表人物不断成长着。

随着攀岩的入奥，或许我们可以期待这位世界纪录保持者在2020年东京奥运会的精彩表现。

钟齐鑫
Speed Zhong

国际健将

国家攀岩队队长

青少年攀岩
形象**推广大使**

中国体育荣誉
奖章获得者

速度攀岩
世界纪录创造者

六次打破速攀
世界纪录

十年攀岩历程
终圆大满贯梦

▲ 2015年度总冠军钟齐鑫

只
要
心
存
远
方

　　坚守过漫漫长夜的孤独寂寞，迎来的必定是黎明。钟齐鑫用他的行动明
白地昭示世人：一个人的潜能是可以被无限挖掘的。他的成功，是因为他从
未放弃过努力和坚持。

　　"我觉得最难的就是当攀岩成为我的事业之后，还要坚持不停地保持对它的专注
和热爱。无论从事哪个项目，运动员练习到竞技体育的层面都会觉得枯燥，坚持下来
是不容易的一件事情。我很喜欢这个项目，所以有动力，希望继续下去。"对于钟齐
鑫而言，夜以继日的练习已经成为一种习惯，他仍旧保持着近乎疯狂的热爱。

　　速度攀岩是和自己的比赛，当运动员真正走上赛道，能够对话的只有自己。他在
问鼎世界总冠军的同时，也收获了莫大的自信，"原来这个项目一直是欧洲人垄断着，
他们赢了30年，我觉得自己挺棒的，我现在也是全世界最好的速度攀岩运动员之一，
得到各国教练员和运动员的认可非常不容易，得到整个攀岩界的认可，更是不容易。
我很自豪。"

　　攀岩给了钟齐鑫一个又一个的荣誉，世界杯、世锦赛和年度总冠军，钟齐鑫集齐
了所有的世界最高规格奖项，成为中国攀岩"大满贯"的第一人。而他的攀岩事业并

没有停歇。钟齐鑫到过全世界很多城市。他感慨，在欧美国家，攀岩是非常普遍的大众体育项目："我去参加世界大赛，台下的观众有几万人，气氛很疯狂，就像在看演唱会。而且，国外的观众很专业，懂得什么时候叫好，什么时候保持安静。"

"我已经用实力证明，中国人完全适合从事攀岩项目。下一步，我希望能让更多的人了解它、尝试它、爱上它。"钟齐鑫对攀岩爱好的极致追求，将他的事业推向了巅峰。

三国时期著名的军事家诸葛亮曾在《勉侄书》中这样写道："夫志当存高远，慕先贤，绝情欲，弃凝滞，使庶几之志，揭然有所存，恻然有所感。忍屈伸，去细碎，广咨问，除嫌吝；虽有淹留，何损美趣？何患于不济？若志不强毅，意不慷慨，徒碌碌滞于俗，默默束于情，永窜伏于凡庸，不免于下流矣。"

只有志向远大，意志坚定，才能超脱于凡庸，开创属于自己的天地。正如钟齐鑫信奉的人生格言："成功的路上不挤，只因为坚持的人不多！"

任何一个强者，都是从弱者成长起来的。我们要心存远方，也要记得我们是如何开始的。每份荣耀的背后，离不开锲而不舍的锤炼，也离不开他人全心全意的帮助。在谈到自己的恩师、教练丁承亮时，钟齐鑫坦白直言："我很荣幸遇上了他，他是我的伯乐，是改变我人生道路的一个人，影响我一辈子的一个人。"而在谈到自己的家人时，钟齐鑫觉得自己十年奋战，对家人亏欠太多。"我刚组建了自己的家庭，而这10年里陪家人太少，每次在一起的时间都很短。今后自然会想更多陪陪家人。"恩师和亲人，既是我们拼搏的力量，也是我们停靠的港湾；既是我们出发的起点，也是我们前进的方向。

成功的路上不挤，因为坚持的人不多

威亚牵带着钟齐鑫徐徐下落的刹那，我们能够从他的眼神中看出深深的失落。也许为了这次的挑战，他曾经夜以继日地筹备，但还是与成功失之交臂。

但每次失败，都是一次淬炼。拾起信心，厚积薄发，坚持不懈，必将百炼成钢。在挫折面前，像一个强者一样审视自身不足，面对真实的内心，坚定胜利的信念，告别"失败者"的束缚，才能真正战胜挫折，成就自我。

泰戈尔曾经说道："只有经过地狱般的磨练，才能创造出天堂的力量。只有流过血的手指，才能弹出世间的绝唱！"

钟齐鑫在《挑战不可能》的项目中挑战失败了。他有无数的理由可以停下来，歇一歇，但他选择了坚持，这样的坚持为他赢得了所有评委和现场观众的尊重。

人生的征程中，我们有很多战友，开始时每个人都心怀虔诚，信心满满。而长路漫漫，有些人厌倦了，有些人失望了，有些人迷恋于沿途的风景，有些人选择其他的赛程，再回头望去，守住初心的人寥寥无几。是因为没有信仰吗？不，只是这黎明前夜诸多黑暗险阻，前途的光明实在遥遥无期。

钟齐鑫是幸运的，攀岩让他养成了不服输的性格，"无论多难，都要接受挑战，战胜困难才是攀岩的意义。"十年的练习，钟齐鑫一直在突破自我，他用坚持不懈的挑战精神，征服了三位评委和现场所有观众，赢得了进入荣誉殿堂的资格。他是《挑战不可能》播出以来，第一位没有挑战成功，却被认定进入荣誉殿堂的挑战者。

钟齐鑫每到一个新的城市，都会去走一走，去感受一下不一样的风景。或许这是他比赛前的一种放松方法，或许这也是他思考成功和失败原因的途径。2014年国际攀联攀岩世界杯首站比赛在重庆举行，已是4届世锦赛冠军的钟齐鑫在8进4的比赛中被对手以"发令枪响前身体微微摇晃"为由投诉，重赛后一路领先，就在马上要按下计时器时出现失误，最终被对手反超而遭淘汰，名列第8名。

这次失败他并没有觉得委屈，因为竞技比赛就是这样，互有胜负。在失败时，更重要的是如何弥补自身的不足，战胜外界因素的干扰，因为失败并不能代表什么，它只是通往成功的另一个开始。

人生就如同攀岩一样，不断地向上爬，总有一天会爬到顶峰，所以人活着一定要有一个明确的目标，这样无论做什么都会沿着这个目标去努力去奋斗，如果没有达到预期的目标，可能是自己做得还不够好。

钟齐鑫一直坚持着心中的梦想不放弃，不断地向社会传递向上、勇敢的攀登精神，希望将这种能量传递到每个人身上。

> 李昌钰老师说："第二次他挑战失败了，但是他的决心、他的勇气，他百战不屈的精神，实在使我感动。"

扫一扫，看赵文起精彩挑战全程

为梦想坚持的动力到底是什么？是实现那一刻的满足，还是赢得比赛获得了奖励？面馆老板赵文起用 4.6 米的巨型钢筷子夹起直径 1.5 厘米的小钢球，无论是拿起重量惊人的筷子，还是克服圆球极小的摩擦力，都是艰巨的挑战。赵文起的坚持源于一份最简单的肯定，他的执着让人动容。

赵文起是山东一家面馆的老板。第一眼看上去，他就是一个地道的山东大汉，眉眼里带着朴实憨厚的笑。谁也不会想到，他身上保有三项吉尼斯世界纪录——用 17 小时 18 分 32 秒的时间在水面上漂起 7500 枚硬币；在 54 分 26 秒的时间内用硬币漂出 26 个英文字母图案；用 187 厘米长、10.95 公斤重的铁筷子夹起一个生鸡蛋并保持时间最长。

来到《挑战不可能》节目舞台的时候，赵文起的"铁筷神功"已经练了八年。这八年间，他从最开始的备受嘲讽、无人问津，到后来经常受邀表演，先后参加了《想挑战吗》《中国味道》《向幸福出发》等大大小小 50 多个电视节目。随着他"铁筷夹鸡蛋"的高超技艺为人们所熟知，赵文起被称为"中国第一大铁筷子"。

八年努力只为一张属于自己的奖状

技艺的纯熟能够使人充满信心和勇气。

赵文起云淡风轻地走上《挑战不可能》的舞台，向观众鞠躬问好，脸上始终带着朴实而真诚的笑意。人们的目光瞬间聚集在他那肌肉发达的手上，那是他年复一年练习铁筷的结果，是岁月留给他的荣誉勋章。赵文起站在主持人撒贝宁的身边，双手交叉握在身前，笑容温暖而谦和。然而在他身后，傲然摆在兵器架上的那一对大家伙，却丝毫没有低调亮相的意思，张牙舞爪，寒光闪闪。

"这就是今天我要用的一双筷子。"他说得淡然轻巧。但是主持人、三位评委和在场的所有观众却都大跌眼镜——那是"筷子"吗？2.6 米长的巨铁如同从高楼大厦里拔出来的钢筋，竖起来几乎有一层楼那么高！30 多斤的重量，抵得上一个 5 岁的孩子。如果说那是一双筷子，恐怕是远古的巨人用来夹起整只野兽放进嘴里的吧！人们惊诧的目光齐齐被那双"筷子"所吸引，不断打量着、猜测着，到底要拥有什么样的神力才能驯服这"重兵器"。赵文起的挑战是要在舞台上仅靠一只手上三根手指的力量，用这双筷子夹起规定的物品。而更加令人不可思议的是，舞台上摆着的这双筷子只是他今天挑战所使用的尺寸最小、重量最轻的一双。

在正式挑战开始之前，主持人撒贝宁给赵文起出了一个入门级的测试。他要求赵文起用那双铁筷子，将不同的水果夹起，并依次送到三位评委的手中。在这2.6米长、普通人需要用肩膀才能扛起的大铁筷子面前，荔枝、葡萄、杏等几样小小的水果显得吹弹可破，楚楚可怜。在场的人们都在半信半疑中屏息以待——想要夹起水果已经是匪夷所思，更别说还要移动传送到评委手中了。

只见赵文起深吸一口气，将筷子向下倾斜45度角后，只用三根手指将其稳稳抬起。有几位观众不敢相信自己的眼睛，定睛数了一数，确实只有三根手指接触到了大铁筷子！全场一片惊呼声，坐在后面的观众已经控制不住好奇心，不自觉地站了起来。赵文起用手指控制着筷子，从水果盘中夹起一颗杏，缓缓抬起，随后提步朝着评委席走去。他的脚步很稳、很轻，没有一丝震动；他的双眼紧紧盯着筷子的末端，仿佛那里不是夹着一颗水果，而是栖息着一只随时都会受惊飞走的小鸟。从水果盘到评委席的距离不算遥远，但是拿着大铁筷子，这段路走得好似紧贴悬崖峭壁，假如没有久经考验静如止水的心态，每走一步都仿佛会面临坠落深渊的危险。

赵文起轻松通过了入门测试。他将杏放入评委董卿的手里，将紫葡萄放入评委李昌钰的手里，又将绿葡萄放入评委周华健的手里，现场爆发出雷鸣般的掌声。但赵文起只是憨厚地笑了笑。他知道，小试牛刀之后，他还要面对真正艰难的正式挑战。

赵文起要分别用2.6米、3.6米和4.6米长的大铁筷子，依次夹起生鸡蛋、生鹌鹑蛋和直径1.5厘米的小钢珠，并把它们稳稳安放在一个小瓷瓶的瓶口上。任何一个环节出现失误，则挑战失败。

赵文起首先拿起的是入门测试中用过的2.6米长的铁筷子，他要用这双筷子夹起一个生鸡蛋。依然是在深吸一口气之后，他抄起大铁筷子，靠近盘子里的鸡蛋。常人要做出用筷子夹食物这个动作，需要调动身上的50多块肌肉共同协作，而此时，这重量超过普通筷子千百倍的大铁筷子，仅仅依赖赵文起的三根手指来操纵。更何况，这次要夹起的不是软绵绵的水果，而是一个外壳又圆又脆的生鸡蛋。用力不足，蛋壳打滑夹不起来；但稍稍用力过猛，鸡蛋就会碎掉。成功的关键在于保持力量的平衡。毕竟经过多年的练习，赵文起夹起鸡蛋显得毫不费力。迈步走向终点时，他的脚步比之

▲ 赵文起在《挑战不可能》的舞台上

前夹水果时显得更轻更稳，表情凝重而专注，仿佛一切外物都与他无关。此时他的世界只是一段直线，一端是铁筷上夹着的鸡蛋，另一端是等待着鸡蛋到来的小瓷瓶。

赵文起夹着鸡蛋小心翼翼地接近瓷瓶口，眼看着鸡蛋就要沿着瓷瓶口边安顿下来，却不知怎的偏偏转了个弯，咚的一声滑落在一边。

"啊！"全场发出一声叹息，"第一颗鸡蛋挑战失败"，赵文起的眉头紧皱起来。他质朴的脸上掩饰不住失望和不甘，双唇紧抿，眼帘低垂，若有所思。

"第一次挑战失败了，给我造成了很大的压力。"赵文起坦然承认。在夹生鸡蛋的第二次尝试开始之前，他做出了一些调整，擦去额头细密的汗珠，不断地深呼吸。

"平静！稳住！别急！"他对自己说，"还有一次机会。"赵文起再次提起筷子的同时，评委和观众们的心也跟着提到了嗓子眼儿。这一次，赵文起举着筷子的动作更为谨慎，脚步也更加稳妥。全场屏息凝气，生怕连呼吸声都会惊扰到专注的挑战者。随着鸡蛋稳稳地落在瓷瓶口，尘埃终于落定，提着的心都放了下来，一股无法抑制的激动感染了全场。掌声雷动，这是人们对赵文起的能力和技艺的肯定，也是对他不为挫折所动摇，终于完成挑战的鼓励。鸡蛋稳稳地落在瓷瓶口中，第一关的挑战已经通过。在为赵文起高兴的同时，接下来那两重更加艰巨的挑战也让大家为他捏了一把汗。用尺寸最小的铁筷子夹起生鸡蛋都如此艰难，他要如何用更长更重的铁筷子，去夹起更小更脆弱的鹌鹑蛋呢？赵文起能成功吗？

出乎大家的意料，夹鹌鹑蛋的挑战进行得非常顺利。第一轮挑战的成功显然给赵文起增添了许多自信，让他的心态更加平稳了。他看起来就像一个身怀绝世武功的大侠，全神贯注将全部内力运到握着大铁筷子的三根手指上。在铁筷夹着鹌鹑蛋接近瓷瓶口的那一刻，人们眼睛都不敢眨一下，紧紧盯住那个鹌鹑蛋。鹌鹑蛋稳稳地落在了瓷瓶口，没有移动，没有意外。赵文起呼出一口气，轻松地笑了。

他乘胜追击，继续挑战终极任务——用4.6米长的大铁筷夹起直径1.5厘米的小钢珠。很多人觉得这个任务似乎比前两个任务简单多了——小钢珠是实心的，至少不必担心它会像蛋一样碎掉。然而，这个终极任务却一点儿都不简单。嘉宾评委李昌钰和周华健亲自上前检查，确认了小钢珠和大铁筷之间没有磁性关系。小钢珠因为体积小，且表面十分光滑，本身就不容易被夹起，更何况4.6米长的大铁筷几乎有两层楼那么高，中间的平衡点一旦掌握不好，丝毫的晃动都会导致小钢珠掉落。

这是终极的挑战，也是赵文起多年来一直渴望能证明自己的机会。他鼓起信心，运气提筷，但这一次铁筷刚夹到小钢珠，小钢珠就淘气地滑向一边，生生躲开了。长长的铁筷子晃动的幅度实在太大，赵文起的手指关节已经发白，手腕开始颤抖，他必须竭尽全力才能控制住筷子。

终于夹住了，他艰难地迈开脚步走向最终目的地。经过了两轮挑战，他的体力已经消耗了许多，步伐没有最开始那样平稳了，手也在发抖，小钢珠似乎随时都有可能掉下来。人们期盼着，怀疑着，猜测着，祈祷着，焦急地等待着最后的结果。在赵文起放下钢珠的那一刻，落下的小钢珠身上承载了所有人企盼的目光。只见它在瓶口调皮地转了两圈，做了一个要掉出来的假动作，最后终究乖乖地安顿下来。场内凝固的时间如同冰川瞬间融化，人们好似雕像复活了一般动了起来。

挑战成功了，赵文起却没有满足于已取得的成绩。他当场给自己定下了一个新的目标。"若有下次机会，我会把钢珠放到润滑油里夹出来。"赵文起说。

主持人觉得这个新挑战很有意思，建议赵文起不如马上试一试。尽管赵文起从未练习过从润滑油里夹取小钢珠，但在《挑战不可能》的现场，这个倔强的山东汉子毅然决定进行一次临时加试。已经成功进入荣誉殿堂的赵文起并不需要再证明什么，但他却仍然选择向新的"不可能"发起挑战。这一刻，他就像一个不断攀登高峰的探险家，一个不断追求更高境界的剑客。

"名利荣誉如过眼云烟，我的追求是直面我自己，挑战我自己。挑战即是意义，自己即是意义。"

赵文起像之前每次挑战一样认真地进行了加试，但是因为难度过大，加上体力透支，他从润滑油中夹取小钢珠的挑战最终没有成功。

虽然这样的结果有点可惜，但是他迎接挑战的无畏与坚定，他面对自我的真性情，却深深地印在了观众心里。八年来小心翼翼的努力，八年来水泡磨成老茧的坚持，他用手指托起了一双巨大的筷子，他的灵魂也成长为一个顶天立地的巨人。

不能更平凡的人生

赵文起在山东日照莒县的一个普通农村家庭中长大。没有非凡的天资，没有伟大的理想，也没有大悲或大喜的故事。许多年里，他过着普通老百姓的简单日子，为了养家糊口而努力工作，与每个平凡的人没有什么不同。

少年时的赵文起并不是学校里的尖子生，从没当过三好学生。在旁人眼里，他是一个憨厚的普通孩子，总是默默地淹没在学生堆里，哪怕他已经非常努力。作为班里年龄较大的"哥哥"，他并没有取得什么与年龄相称的荣誉，在学生生涯中也从没有获得过一张奖状。这个遗憾一直深深地烙在赵文起的心里——奖状是对一个人能力的莫大肯定，他多么渴望能够得到一张属于自己的奖状。也许早在那时，这份渴望就已经在他的心里种下了一颗不甘心的种子。

青年时的赵文起和许多农村同龄人一样，高中毕业后没有上大学，务实的性格让他选择了外出打工，早早负担起养家糊口的责任。他告别了生长的土地和苍老的父母，跟着一群同乡弟兄们来到距家乡200多公里外的莱芜，在一家钢铁集团公司食堂找到了一份工作，开始了漂泊的独立生活。

▲ 赵文起和撒贝宁在《挑战不可能》的舞台上

▲　刻苦练习中的赵文起

食堂、宿舍两点一线的生活简单而有规律。赵文起每天重复着同样的工作，面对着几乎同样的人。即使是后来他自己开了一间面馆，菜谱上也没有什么稀奇的山珍海味。赵文起的人生就像个一眼能够望得到底的小水坑，掀不起波澜，也奔不到江河大海，只是日复一日默默倒映着同一片天空。

那时候赵文起觉得，能够像这样吃饱穿暖、细水长流地过着平安简单的日子，也未尝不是一种理想的生活。他自己也不会想到，有一天他的理想会发生改变，他的人生也许注定要有些不一样。

如果沿着平凡之路一直走下去，赵文起的生活也许就会这样波澜不惊、按部就班地继续，他的人生轨迹也会循着一个几乎被画好的圆前进，简单平淡地追求一个一般百姓的幸福。

平凡的生活很容易使人安于现状，但是日子一长，寂寞就像顽强的杂草肆意生长起来，不断侵占心灵中那些需要填补的空白。

赵文起的打工生活也不例外。一个人生活在一个陌生的城市，热闹和喧嚣都与他无关，只有年复一年、一成不变的工作和生活，让赵文起感到百无聊赖。工作之外的时间，他只能呆坐在宿舍，无所事事。"我一个人在莱芜打工，下班之后非常无聊，也很寂寞，就想给自己找个乐子。"他这样解释自己想做点事儿的初衷。

一开始，赵文起真的没想完成什么惊天动地的成就，只是想为自己找个打发时间的"玩意儿"，如果能学点新东西就更好了。他并未深思过这件事对他的人生有什么意义，又能从中获得什么。

一切都出于偶然。工作中一个无心的发现，让赵文起找到了一丝灵感。

2006 年的一天，像平常每一天一样，赵文起在厨房点火。点火枪上的一个铝护垫不小心掉落在水盆里，却没有马上沉下去，而是漂在了水面上。赵文起看着水面上的护垫，脑海里产生了一个疑问：金属的东西在水里怎么能漂这么久呢？不是应该沉底的吗？

这本不起眼的一个小疑问激发了赵文起的好奇心，开启了他的探索之旅。求证后赵文起得知，一些质量小、底面积大的金属物体，如果以巧妙的方式放到水面，是不会沉下去的。这是由于水面存在着表面张力，静止不动时就如同覆盖了一层由水分子组成的致密薄膜。铝护垫密度小、重量轻，无法打破这层薄膜，自然不会沉到水底。同理，硬币一类的物体也可以长时间漂在水面而不沉。但是，如果把一枚硬币侧立放向水面，接触面积变小造成单位水面所受的压强增大，就会打破水的表面张力，从而沉没。

赵文起想，硬币在水里可以漂起来，这多么有意思。那是不是有什么窍门可以让硬币每次都能漂在水面上呢？如果有一个较大的水面，我能够在上面漂浮起多少枚硬币呢？

小巧的硬币让赵文起着了迷，他不断地琢磨着。带着一颗孩童般天真的好奇心，他开始练习"硬币水上漂"的功夫。

"漂硬币，要有耐心，手要稳。"

水面上漂硬币是一项要求心思极其缜密的工作，任何一个微小的抖动都会扰动水面，破坏水分子之间的结合力，使硬币沉入水底。要想同时漂起大量的硬币就更加困难，一个不慎会造成连锁反应，很可能导致前功尽弃。

一开始，赵文起的目标是使每枚硬币都能成功漂在水上。后来，经过坚持不懈的练习，他可以在水面上漂起越来越多的硬币，最多的时候竟然能同时漂起 1390 枚。赵文起自豪之余，自己也觉得有点不可思议。他想，我这本事应该也能创造一个世界纪录吧？

　　在《挑战不可能》节目上，赵文起的"铁筷神功"令大家惊叹不已。硕大的筷子和小巧的鸡蛋、鹌鹑蛋、小钢珠形成了强烈的反差。用一双豪迈的大铁筷子，夹起一个脆弱的小鸡蛋，他信手拈来，举重若轻。在这个挑战中，人们实实在在地感受到了一个彪形大汉深藏于心底的耐心与坚定。

　　在节目中，评委周华健向赵文起提出了一个大家都想知道的问题："你的创意是从哪里来的？为什么会想到要去练这个筷子？"

　　赵文起憨憨一笑，娓娓道来，故事要从八年前说起。八年前，赵文起还在一家钢铁集团公司食堂打工。每到吃饭的时间，闲不住的赵文起总喜欢去观察餐厅里各种各样的人，尤其是一些来吃饭的外国客人。原本无心的观察让他发现了一个有趣的现象。过去他常听人说起外国人到中国来，不会用筷子吃饭闹出很多笑话，可是如今在餐厅里见到的外国人基本都能很熟练地使用筷子。赵文起觉得很奇怪，中国人用筷子的传统有几千年了，而这些外国客人，只吃了几次中餐就能够学会使用筷子，甚至有些人用得比中国人还熟练，他们是怎么做到的？

　　筷子的构造再简单不过，但是其中却又蕴藏了阴阳相生的道理，体现了中华文化的精髓。短短的两截细棍，以硬木、成竹或金属制成，在手指的控制下一动一静、能伸能收、可夹可放。光是用筷子夹菜这一个简单的动作，就需要 50 多块肌肉、30 多个关节的配合才能实现，对于从小用惯了刀叉的老外而言，应该没那么容易掌握呀。

赵文起觉得很奇怪，也很不服气。他心想，筷子这个东西，你们能学会用来吃饭很简单，但是把它用出花样来可就难啦。他看着餐厅里的外国人，暗下决心："你们小看了中国的文化可不行，我非得弄出个你们怎么也学不会的花样来不可。"

带着这个信念，倔强的赵文起开始钻研筷子夹物。他修炼的功夫，也从"硬币水上漂"变成了"筷子神功"。在工作之余，赵文起给自己打造了一双铁筷子。他琢磨着，圆溜溜又光滑的东西最难夹，用大铁筷子夹鸡蛋，这个功夫保证外国人没那么容易学会。

赵文起跟筷子杠上了。

他给自己打造的第一双筷子，有 95 厘米长。

第二双筷子，有 120 厘米长。

第三双筷子，有 187 厘米长，而且这双筷子的重量已经达到 10.95 公斤！

赵文起的铁筷子不断变长、重量也不断增加。凭着三根有力的手指和一股子不达目的誓不罢休的劲头，每天两小时，赵文起勤练不辍。练习筷子逐渐成为赵文起生活中不可缺少的一部分。

练习并非易事。筷子又大又重，被坚硬的钢铁压迫了，手上的皮肉难免会受伤。最开始练习的时候，赵文起的手指一次次磨出了水泡，磨破了皮。

在宿舍苦练"筷子神功"很辛苦，但他依然在坚持。手受伤了，包扎过后继续练习。时间一长，手上总被磨破的地方就生了厚厚的老茧，感觉不到疼了。

能够熟练把握铁筷子的平衡后，赵文起开始向铁筷夹鸡蛋的目标努力，鸡蛋的脆弱易碎是他练习的难点所在。没有那么多鸡蛋，他就从夹乒乓球开始练起，在宿舍里总能看到他练习用的一盆乒乓球。乒乓球没有鸡蛋那么易碎，但是受力后比较容易瘪。刚开始练习的时候，赵文起时常会把乒乓球夹瘪。随着时间的推移，他越来越熟练，到后来一盆乒乓球他已经能练上好久，无一破损。

专注的赵文起，一门心思扑在这门技艺上，他的水平也越来越高。世上无难事，只怕有心人。赵文起用自己的恒心和毅力，完成了一项惊人的成就。他用那双 10.95 公斤重的大铁筷子，创造了夹起鸡蛋保持时间最长的世界纪录。此后连续几年，赵文起不断增加筷子的长度和重量，练习夹起各种各样的东西，他的筷子绝技已近乎炉火纯青。终于，他来到了中央电视台，站在了《挑战不可能》的舞台上，把自己的名字写入了荣誉殿堂。

赵文起是一个行者，他用孤独的脚步丈量着现实与梦想间的距离，不论旅途多么艰辛，不到达远方绝不回头。

任何的不平凡，都从平凡而来。

不怕你走不到心中的远方，只怕你没有迈出脚步的勇气和执着向前的毅力。

平凡中创造不平凡

"中华第一大铁筷子"的名声越来越响亮,赵文起也开始在越来越多的场合表演"铁筷夹物",甚至还曾走出国门,成为韩国 SBS 电视台当红综艺节目《Star King》的特邀嘉宾,以他的中华绝技震撼了全场。

赵文起是平凡的,因为他与我们一样,都是现实中的一个小人物,为了生活而忙碌奋斗。

赵文起也是不平凡的,不只是因为他身怀绝技,也不只是因为他身兼三项世界纪录,而是他心中对梦想的执着,以及追寻梦想的毅力和勇气,使他在茫茫人海中闪耀着独一无二的光芒。他用亲身经历告诉世人,平凡的人也可以与众不同,平凡的人也可以拥有不平凡的人生。

奋斗的路上不可能一帆风顺,逆风前行的勇气和热血也有被现实冷冷拍下的时候。当身边的人们不解、歧视的眼光和各种闲言碎语奔涌而来时,当因铁筷练习行至瓶颈难以突破而懊恼绝望时,当手指受伤疼痛钻心时,我们难以想象看不到前路光明的赵文起是用多大的毅力才坚持到今天。

练习铁筷夹物这一件事,他花了整整八年。就像评委董卿所说的,赵文起在整整

▲ 冬练三九夏练三伏

八年的时间里，到底花费了多少时间和精力去做好这一件事情？我们几乎能够设想到，在最初练习夹鸡蛋的时候，他或许是夹不住的、或许是夹破了的、也或许为了夹鸡蛋把宿舍弄得鸡飞狗跳，而正是这些狼狈的、令人沮丧的一次次失败，才让今天站在《挑战不可能》舞台上的赵文起，为大家呈现了一场完美的挑战。

赵文起曾说，他对梦想的执着源于多年来对一张奖状的渴望。那一张奖状对他而言，就是自己的实力受到肯定的证明。

我要一张奖状！

我要一张属于我自己的奖状！

这句话在他的内心一定默默咆哮了许多年，如今他终于可以大声呼喊出来。他已经用自己练就的绝技获得了不止一张奖状和无数人的肯定。

人生苦短，成事几何？赵文起让每一个了解他的人反思自己的人生：平凡，不是放弃梦想的借口；平凡之下，蕴藏着无数等待挖掘的宝藏。

可怕的并不是通往梦想的路荆棘密布，可怕的是根本不敢迈出第一步。

这正是赵文起最可贵的地方。他不是钢铁巨人，他和我们一样是血肉之躯，知冷知热知痛。他只是一个执着的追求者，用一往无前的凛然之气，完成了一个常人难以想象的任务。为了内心深处的渴望，他对自己许下承诺，带着最坚定的信念，付出最艰苦的行动，获得了最公平的收获。这不正是我们每个普通人铸就自己的不平凡所需要的一切吗？

平凡与不平凡之间仿佛隔着一道无法逾越的鸿沟，但是两者之间的距离其实并不遥远。跨过这道鸿沟，需要的不过是一颗坚定的心和踏上征途的勇气。对失败和困难的恐惧如乌云蔽日，让人看不到光明，若不坚定信念、勇敢向前，怎能穿过晦暗与阴霾，拨云见日？

李昌钰：他是个很普通的人，而且他的动机很单纯。他不是要出名，他只说从小他没有拿过一次奖状。

扫一扫，看金松浩精彩挑战全程

金松浩 1955 年出生于黑龙江省佳木斯市桦川县，朝鲜族，是一位已过花甲之年的活力老人。这位老人看起来再平凡不过，实则是身怀绝技、享誉世界的"冰雪之王"。在东北长大的金松浩，不畏惧严寒的天气，从 1986 年开始进行抗寒锻炼，多年以来坚持进行冬天室外赤膊跑、洗冷水浴、冰水浸泡等训练，他凭借着满腔的热情和超强的耐力与毅力，在我国乃至国际上众多耐寒比赛中摘得桂冠，获封世界第一"冰人"和世界第一"雪人"，是多项吉尼斯世界纪录的保持者。

1998 年，金松浩在零下 30 多摄氏度的温度下赤膊站立 3 小时 22 分，创造了他的第一项吉尼斯世界纪录。后来他又以 3 小时 46 分和 4 小时 3 分的时长两次刷新了由自己创造的纪录。然而金松浩在创造耐寒纪录的路上从未止步，他还创下了冬天在户外连续洗冰水浴两小时以上的吉尼斯世界耐寒纪录，2012 年打破了由荷兰人维姆·霍夫创造的耐寒时间最长的吉尼斯世界纪录，现在仍是这一纪录的保持者。在黑龙江的寒冬里，总能看到金松浩在路边洗冷水澡、赤膊穿着短裤跑步的身影，在耐寒表演中，金松浩也是竭尽所能抵抗严寒，将自己的热情、坚韧和不服输的精神传递给每位观众。

已过花甲之年的金松浩，他坚定的信念、勇往直前的霸气、不向严寒低头的精神，让人深感震撼。金松浩证明了成功不是一蹴而就，每个点滴的积累都不可轻视，每一毫秒的进步都值得珍视。

一次放弃的挑战

在《挑战不可能》的舞台上，金松浩用浑厚、坚定有力的声音给评委和现场观众带来了来自东北黑龙江的问候。也许是多年与冰雪严寒的抵抗斗争赋予了金松浩先生不老的心态和健康的身体，60 岁的他有着 40 岁的容貌、30 岁的体质和 20 岁的热情。

"我是世界'冰王'，我是世界'雪王'，双料冠军！"世界"冰雪之王"的到来燃起了现场每个人的热情，为他骄傲，为他鼓掌呐喊。在众人的关注之下，金松浩很快便回到幕后进行挑战前的准备工作。然而，可能是激情澎湃的心情一直难以平复，也可能是来到央视的大舞台太过紧张，金松浩一直流汗不止，身体严重失水，无法开始挑战。

20 分钟过去了……

30 分钟过去了……

40 分钟过去了……

现场观众在这漫长的等待过程中逐渐变得焦虑起来，冰桶里的冰块也在这样的焦灼之下一点点融化着……

幕后的金松浩越来越紧张，不停地按摩、锻炼自己僵硬的身体，试图稳定情绪。

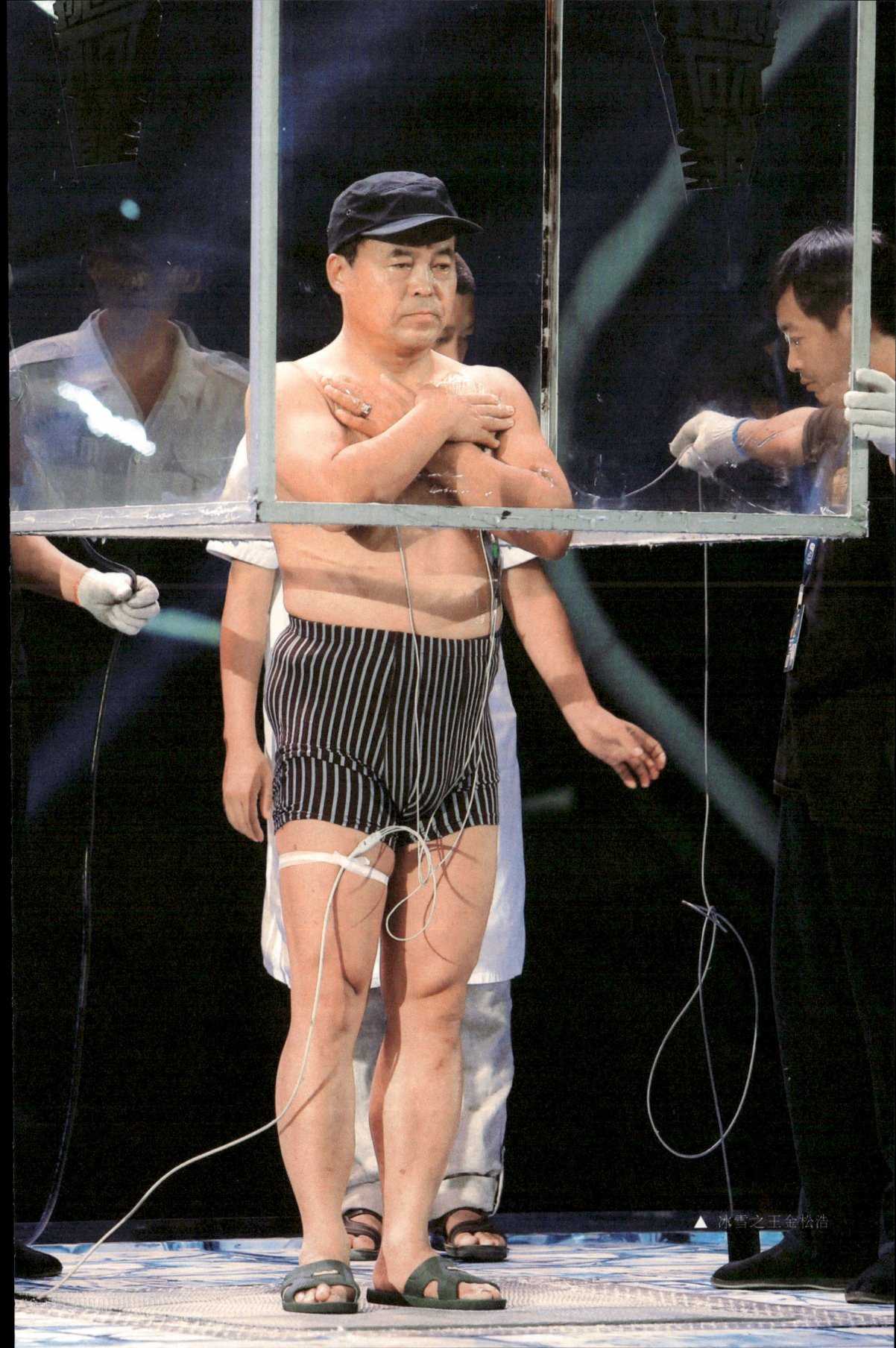

▲ 冰雪之王金松浩

三位评委也在现场耐心地等待着，默默为他加油。为了缓和现场的气氛，评委董卿演唱了一首《掌声响起》，"掌声响起来，我心更明白，我的爱将与你同在"，董卿动人而又充满力量的歌声回旋萦绕在整个演播室里，观众们不由自主地跟着节奏打起节拍来，这是董卿对金松浩的鼓励，也是大家对金松浩的支持。现场的每个人都在期待着，期待着他再一次出现在舞台上，开始挑战。

而此时的金松浩，仍旧不能调整好自己的身体和心理状态，长时间的准备消耗了他巨大的能量，也加剧了他的紧张。"我现在的状态不好，我这个人就是害怕失败。"大家对他的支持和鼓励，在这一时刻转化成了巨大的压力和对挑战失败的担忧。且现场的医生认为金松浩目前能量消耗过大，生命体征不稳定，不建议进行挑战。

难道就这样放弃吗？

难道就这样白走一遭吗？

难道就这样辜负了大家的期待吗？

金松浩内心经历了怎样的纠结与斗争，无人知晓。在承受了近一个小时的身体和心理的煎熬后，金松浩重新回到了舞台前，面对观众和评委们热切期盼的目光，金松浩最终还是选择了放弃。在主持人撒贝宁的鼓励之下，金松浩满怀歉意地说明了不能进行挑战的原因——他不是放弃，而是回去继续加强训练，调整好了再次发起挑战！现场观众和三位评委虽然内心无比惋惜，但也理解金松浩的无奈放弃，同时也期待着他重新挑战自己，挑战不可能！

在人生的某一瞬间，我们和梦想是那样的接近，但在选择放弃的那一秒钟，梦想又突然间是那样遥不可及。然而在实现梦想的漫漫长路上，不是每次我们都能成功，不是每次我们都选择了坚持，更不是每次都允许我们不放弃。这一刻的放弃是为了下一刻，离梦想更近一点。在追逐梦想的路上，也许失败过，也许放弃过，但我愿意继续坚持，直到生命尽头。

一星期以后，《挑战不可能》的录制现场，金松浩又一次出现在了舞台上。冰雪严寒都不怕，失败过怕什么？

"我又回来了，不能留有遗憾，我要给大家一个交代。"修整了状态的金松浩，更加坚定、更加自信。"第一次挑战忘掉它，第二次挑战，我一定能赢！"现场的观众、三位评委和主持人纷纷为他加油，期待他的挑战成功。

第二次挑战进展得非常顺利，金松浩很快完成了准备工作，进入了挑战状态。为了保护他的生命安全，医护人员在金松浩的身上安置了各种测试仪器，以便挑战期间随时监控他的心跳、体温、脉搏等能够表现人的正常生命体征的数据。主持人撒贝宁为了缓解金松浩的紧张情绪，和他约定了挑战期间两人用来交流的"暗号"——"老金感觉怎么样？挑战不可能！"

挑战现场为金松浩准备了一个仅能容纳他一人的玻璃柜，他站在中间，头部以下的整个身体将被包裹在冰块中，要挑战的时长为113分钟10秒。冰块哗啦啦地砸进金松浩所在的玻璃柜中，眨眼间就包裹了他头部以下的整个身体，这冰块仿佛也砸在了现场每个人的心上，人们不由得紧张起来，发自内心地为老金祈祷、为老金加油！老金傲然站立在冰块之中，好似一个拥有超能力的英雄，眼睛里写满了坚定。

这一次，老金的妻子李恩淑也来到了现场，她是老金最坚强的后盾，从老金进入玻璃柜开始，她的目光从未离开过老金，透过那眼神，我们看到了她的担心、她的爱和她的信任。从曾经的坚决不同意老金进行耐寒训练，到现在，她已然成为了老金的支持者和拥护者，她相信老金一定会挑战成功！

老金的挑战在一分一秒地进行着，33分钟过去了，老金的脸上依旧笑意盎然。评委董卿忍不住问道："你每一次挑战或者比赛都要戴帽子吗？为了保持一定的温度吗？"

"基本上都会带，但那是一部分原因，另外是为了保持这个形象吧！"老金的回答让现场的评委和观众忍俊不禁，但老金的妻子依旧一脸严肃，她目不转睛地看着老金，陪着他一起度过这艰难的每一秒钟。

1小时07分，金松浩开始哆嗦起来。这是整个挑战过程中老金开始感觉到艰难的时间，挑战时间进行到一半左右的时候，身体各项机能开始下降，正如评委李昌钰老师所说，"人冷的时候就会发抖，发抖你就是在制造热能，那是没有控制下的运动。"看见老金在非自控的状态下瑟瑟发抖，现场的观众不由得为老金捏了一把汗，默默祈祷着老金的挑战顺利，身体不会发生意外，医护人员也十分紧张地关注着金松浩的身体状况。

随着时间的推移，包裹着老金的冰块也在慢慢融化，冰水交融的状态更快地带走了老金体内的能量，只能靠骨骼肌的不断收缩来产生热量，供给正常的新陈代谢。老金的妻子起身守护在他的玻璃柜旁，两个人隔着玻璃凝视着对方，传递着彼此的爱与信任。

相信老金一定从妻子热切的目光中收获了巨大的能量，而这能量足以支撑他坚持到最后一刻也不会轻言放弃！在妻子的支持和鼓励下，金松浩的眼神越发坚定，似乎在无声地告诉大家，他仍要坚持，他决不放弃！

1小时26分31秒，从老金的玻璃柜中传来了一声沉闷的"撒老师"，大家的目光齐刷刷地望向老金。

老金发生了什么？

▲ 金松浩讲述家人的支持和鼓励

老金不能坚持了吗？

老金的身体状态还好吗？

老金的挑战就这样终止吗？

主持人撒贝宁听到老金的呼唤，毫不犹豫地一个箭步冲到了老金的面前，他不知道老金要说出怎样的话语，面临着怎样的问题，他只能第一时间来到老金身旁，用恳切的目光为老金加油。

"冰不够了，再加点冰！"老金的嘴唇一张一合，说话对于老金来说已经变得越来越困难，但说出这句话的时候，老金没有半点迟疑。

主持人撒贝宁听到这句话终于放心地笑了，现场的观众和三位评委悬着的心也终于落下了。

在如此艰难的挑战中，在没有人关注到老金的双肩已经浮出冰面的情况下，老金严格地要求自己，抱着对挑战的严谨态度，主动要求加冰，这样严于律己的精神着实让人敬佩。

1 小时 35 分 16 秒，17 秒，18 秒……老金的挑战还在继续……

1 小时 43 分 06 秒，评委李昌钰老师来到了老金的玻璃柜前，关切地看着一直在发抖的老金，了解他的各项基本指标——老金的体温下降了一摄氏度，呼吸的频率正逐渐升高，他在消耗大量的能量，身体的产热和散热已经开始失去平衡，即将达到耐受低温的极限。

1 小时 53 分 10 秒，也就是 113 分 10 秒，正如主持人撒贝宁所说的，这个数字绝不是随随便便产生的，每多一秒，都是在挑战身体的极限。

倒计时 10 秒钟，现场所有人都起立为老金加油：

10、9、8……1、0

全场一片欢呼，老金挑战成功！冲破 113 分 10 秒的纪录之后，在撒贝宁的询问下，老金点头示意继续挑战！现场又一次响起了欢呼声和掌声，然而透过镜头，我们看到的是老金不停发抖的头和妻子噙满泪水的眼。

"战胜冰雪，我不只靠我这个身体，更靠的是我的心态，我一定能赢！"老金的话是那样的掷地有声，当我们面对生活中的种种时，是否也有过这样"我一定能赢"的坚定信念呢？相信有如此坚定信念的人，一定能够迎来花开，绽放异彩。就如老金一样，凭着这样的信念和心态，战胜了冰雪严寒，也战胜了自己，成功地在冰块的包裹下傲然挺立113分10秒！

突破纪录后，时间还在一分一秒地延长着，老金突然说："喜欢周华健老师的《朋友》那首歌。"周华健老师听后立刻跑到舞台上，他看着还在坚持的老金，满含泪水，带着哭腔，一边看着时间，一边唱起了《朋友》——"朋友一生一起走，那些日子不再有。有过错，有过泪，还记得坚持什么……"老金在冰冷的玻璃柜子中，和周华健老师一起唱着他最爱的《朋友》，嘴唇颤抖着，一张一合都要用尽全身力气，但每次发声依然响亮、清晰。

透过老金的眼神，我们看到那份坚定丝毫不减。老金始终记得要坚持什么，要战胜什么，他做到了，他成功了！

周华健的歌声结束了，老金从冰中举起双臂，仿佛一个屹立于冰雪之中的巨人。最终，金松浩以115分钟的挑战时长，成功地完成了挑战项目，向所有人证明了"冰雪之王"的真正实力。

在进行了身体检查之后，恢复体力的"冰王"载誉而归。与妻子李恩淑一同回到《挑战不可能》的舞台上，第一次老金的妻子面对镜头笑了，这是放心的笑，是骄傲的笑，是激动的笑。身体状况丝毫没有受到长时间冰冻影响的老金向现场的观众挥着手，神采奕奕，激动的心情溢于言表。

三位评委被金松浩的坚韧和不服输的精神深深感动了，董卿提问道："你这种耐寒的体质是天生的吗？"

"有一定的潜质，但更重要的是我后天练的，"老金的声音还有些颤抖，但那雄浑的气势不减当初。"我练耐寒练了三十年了，开始的时候就是冰天雪地里头穿短裤光着上身跑步，跑了十多年。"正是这样日复一日的坚持锻炼造就了如今享誉世界的金松浩。

说起自己的妻子，金松浩很动情："我能走到今天，一多半是我的老伴默默支持我，

▲ 金松浩坚定淡然的目光

给我最大的鼓励。"金松浩搂着妻子，在她的脸颊上轻轻地亲了一下，老金的妻子害羞地笑着，就像刚刚坠入爱河的少女。

评委董卿非常动容："其实你之所以能够抵御最寒冷的温度恰恰是因为你有着一颗热爱生活的最火热的心。"在三位评委的一致通过下，金松浩挑战成功，带着妻子一起走进了荣誉殿堂。

金松浩是一个再平凡不过的东北老人，但他却靠着自己满腔的热情、不服输的精神和坚韧的性格，将抵抗寒冷这件小事做到了极致。对于金松浩而言，挑战成功并不意味着挑战的结束，即使已过花甲，但他的梦还在远方，等待着他远行，越战越勇。

在《挑战不可能》的荣誉殿堂里，金松浩说道："虽然我今年六十岁了，但我要突破的目标还远没有达到。有朝一日，我要到北极，把全身埋在冰里头，把我自己的记录突破！"金松浩就是这样，怀着对生活火热的爱，对梦想执着的追求，在向耐寒记录、向自己挑战的路上，永不止步。

2003 年 1 月 4 日，哈尔滨零下 30 摄氏度的严寒，每秒 3 米的风速，静立 4 小时零3 分钟，金松浩就是这般"轻而易举"地刷新了自己创造的耐寒世界吉尼斯纪录。

2011 年 1 月 1 日，荷兰人霍夫在香港创下了冰柜生存世界纪录 115 分钟的佳绩，两日之后，在张家界天门山最高峰上，上演了一场"殊死搏斗"，来自黑龙江的耐寒奇人金松浩与陈可财，共同向霍夫发起挑战，最终金松浩以 120 分钟的成绩战胜了霍夫，创造了又一个新的世界纪录，成为屹立于世界巅峰的"冰雪之王"。

2012 年 1 月 20 日，为了尊严而战，金松浩与霍夫在湖南株洲再次进行了一场在冰水混合物中的国际冰人大对决。最终霍夫不得不在金松浩 91 分钟的成绩下低头。

2013 年 9 月 19 日至 29 日，河北邯郸，金松浩跟来自世界各地的耐寒运动爱好者相互切磋，持续 10 天。

▲ 金松浩在中国雪乡

2013 年 12 月 24 日，天津某冰雪游乐项目现场，"冰王"金松浩仅着短裤进入冰雪之内，以雪花覆体，挑战耐寒，坚持了 80 分钟。

……

金松浩的"英雄事迹"还有很多，这些事迹都与"耐寒"息息相关。耐寒运动和耐寒挑战对于金松浩来说，是毕生的爱好与追求。和其他那些听起来"高大上"的梦想比起来，耐寒是如此的简单，没有繁杂的程序，没有高端的技术，没有激昂的旋律，没有华丽的开篇，只有在严寒中安静地等待，不屈地坚持。但就是这简单甚至有些单调的事，金松浩坚持了数十年，创造了很多不朽传奇，并且还将继续坚持着，创造更多的传奇。

实现梦想的路有千千万万条，但每一条路都充满艰辛，需要坚强的意志和不放弃的精神。你也心怀梦想吗？你也想成功吗？那你是否如金松浩一样，在奔向梦想的路上，始终坚定不移，永不止步呢？而永不止步并不意味着每一次都成功，而是即使失败了，也绝不会放弃前行。

　　金松浩的传奇绝非一日之功，正所谓"不积跬步，无以至千里；不积小流，无以成江海"。他的每一项世界纪录，每一次成功挑战，都是靠每天不间断的训练换来的。

　　从 1986 年开始至今的 30 年中，每年冬季金松浩都坚持冷水浴锻炼，坚持在家里踩石子活络筋骨。在接受采访时金松浩告诉记者，每天从清晨 5 点开始，他首先洗冷水浴，再用新雪进行全身雪浴增强抵抗能力，坚持短裤赤膊地每日 2～3 公里跑，在完成长达一个半小时的晨练后，接下来还要进行踢雪地球热身和冬泳项目。

　　你只看我为王，看不到的是我曾经经历的和正在经历的千辛万苦。金松浩除了每日坚持训练，他还不放过任何一个与耐寒运动相关的活动，与同道中人激情探讨，为众多观众展示自己的耐寒本领，这些看似可有可无的活动对金松浩的成功来说都是不可忽视的积淀。金松浩也许有着上天赋予的耐寒体质，但他能够成为"双料冠军"不是仅靠天赋就能实现的，是一点一滴的努力，造就了在冰雪严寒中游刃有余的"冰雪之王"金松浩。

　　成功需要不懈地坚持，不停地挑战，不断地征服。成功就像是那一幅完整的拼图，只有脚踏实地找对了每一小块的位置，才有可能成功。而这寻找每一小块的过程，就是每一次的积累，看似不起眼，却是成功的关键所在。

▲ 金松浩与粉丝

热情是最好的呼唤

金松浩曾经出现在不同的新闻版面上，他守护着中国人在耐寒吉尼斯世界纪录上的荣誉，他的名字在桦川县几乎家喻户晓，备受关注，家乡的人民都称金松浩为桦川县的传奇人物。在参加《挑战不可能》节目之前，这位花甲老人已经荣誉满满，但还是满腔热情，挑战自我，挑战不可能。

在金松浩的身上，除了坚毅和不服输，最令人感动的就是他的热情——对生活的热情，对家人的热情，对梦想的热情……金松浩的人生用热情来书写，他怀揣着热情，因而对年龄无所畏惧，对冰雪无所畏惧，对人生的困难依旧无所畏惧，他坚持自己的路，绝不动摇。

每到寒冬，在桦川县最繁华的地段，坚持冷水浴的金松浩在周围裹着厚厚棉衣的人们中间，显得格格不入。但在金松浩眼中，不管路人投来怎样的目光，他都认为那是一种激励，一种潜在的支持。金松浩觉得每次的挑战都是享受冰雪、享受寒冷的过程。每接受采访，每次挑战成功，他那似乎无穷无尽的热情仿佛融化了冰雪，也融化了人与人之间冰冷的围墙。无论前进的路有多么坎坷，只要充满热情，我们就能享受过程，享受人生！

金松浩的热情，也感染着他最亲近的人——他的妻子。一开始进行耐寒运动，金松浩的妻子是坚决反对的，但金松浩始终坚持自己的路，多年来身体比以前更加健康，那份热情也丝毫不减当年。妻子与他一起，经历了无数次的成功，也见证了他每天不懈的坚持。家人的反对，其实也是另一种形式的关怀。金松浩用健康的体魄和积极的心态说服了妻子，甚至还改变了妻子——我坚持走的路，你要一起吗？

金松浩的妻子用行动对这个问题做了最好的回答。她现在每天也进行耐寒训练，从此金松浩的梦想中多了一条，他要和妻子一起，"比翼双飞，一起玩冰玩雪！玩出国门走向世界！"

让我们期待着，"冰雪之王"金松浩，能够实现一个又一个新目标，用他火热的心，温暖所有热爱运动的人们，让我们和老金一起，用梦想丈量世界，迈向人生的巅峰。

人生的路上充满温情，但也总是会遭遇"寒冷"。你现在所面对的困难，就好像金松浩所面对的冰雪，只要你想，你相信，你就一定能战胜它。

无论你是想征服山川河流还是想抵抗冰雪严寒；无论你是想歌唱情怀还是想舞动人生；无论你是想遇见全世界还是想坐听风雨声，都愿你能以梦为马，不负韶华。

> 董卿：其实你之所以能够抵御寒冷的温度，恰恰是因为你有着一颗热爱生活、最火热的心，这也是我们特别感动的。

扫一扫，看**李明芬**精彩挑战全程

李明芬，18 岁，来自广东省顺德市，2016 年刚刚结束高考。这名看起来身材娇小，甚至有些单薄的少女，却是多项吉尼斯世界纪录的保持者。

李明芬 1988 年出生在广东省顺德市的一个普通家庭。她的父亲李卫文曾是一名业余体操运动员。在她 7 岁那年，父亲发现了她在体育方面的天赋，从此让她与轮滑结缘。

自 2006 年开始学习轮滑，并练习特技轮滑开始，李明芬曾先后多次打破吉尼斯世界纪录。8 岁时，她的成绩为一次过杆滑行 46 米，高度为 23.2 厘米。9 岁时，她又以 46.101 米的成绩创下了中国溜冰过杆的最长距离。12 岁时，她创造了以轮滑方式穿过离地 28 厘米的低杆，最远滑行 55 米的吉尼斯世界纪录，并于 16 岁时打破这个记录，将低杆高度降低到离地 26 厘米。17 岁时，李明芬再一次将自己的极限发挥到令人瞠目结舌的地步。她仅仅靠着轮滑鞋，起步缓冲后身体贴地，之后从 20 辆排成一列的汽车车底快速穿越而出。这 20 辆汽车总长度 57.5 米，车底距离地面仅有 27 厘米。 李明芬以 14.15 秒的成绩，成功穿过，创造了新的世界纪录。

低空的「高度」

　　李明芬是一个活泼开朗的小女孩。当她第一次站在《挑战不可能》的舞台上时，所有人都不由自主地对她产生了好感。这个梳着齐耳短发，穿着简单的少女，用她灿烂的笑容让人们感受到了一种美好的、旺盛蓬勃的生命力。李明芬穿着她最忠诚的伙伴——轮滑鞋，一路滑行入场，落落大方地和在场的各位观众及嘉宾问好。不仅如此，她还张开双臂给了主持人撒贝宁一个热情的拥抱。小撒好像也被她的热情感染了，抱着她一口气转了好几圈，此时的李明芬开心得像是一只雀跃的小鸟。

　　可是当这只小鸟开口说出自己的挑战项目时，着实把大家都吓了一跳。

　　李明芬平静地说，她今天要挑战"轮滑过汽车"。尽管在场的几位嘉宾评委早已在这个舞台上见证过许多看似不可能的挑战，但是对"轮滑过汽车"还是头一次听说。轮滑怎么过汽车呢，飞过去？绕过去？评委们提出了各种各样的猜测，观众们也兴致盎然地参与讨论。

　　这些嘈杂的声音在下一秒，就像是被人忽然按下了消音键一样，齐刷刷地安静下来。"从车底穿过汽车"，李明芬依然轻松地说，眉宇间透着无比的自信。

　　这怎么可能？在场的所有人都倒吸了一口凉气。

哪怕是已经"身经百战"的主持人撒贝宁，也不敢相信自己的耳朵。他不信邪地躺在了一块特制的装有滚轮的躺板上——整块躺板已经被制作组绞尽脑汁降到了尽可能低的高度。但即便是这样，当撒贝宁平躺着进入车底以后，他的鼻尖和汽车底盘之间也只剩下不到 3 厘米的距离，只能勉强放入他的手掌。

稍后李明芬要挑战的，就是凭借轮滑鞋在滑行后的惯性，一口气穿过 18 辆一字排开的相同型号汽车车底。高速穿越期间，她的身体与车底、地面都不能有任何接触，否则就会造成挑战失败甚至受伤的严重后果。

在场的所有人，都为这个小女孩捏了一把汗。这是一个看起来几乎不可能实现的任务，李明芬到底要怎样才能成功完成挑战呢？

此时，台上的挑战者也一样紧张起来。工作人员布置挑战道的同时，李明芬已经换上了方便行动的紧身衣，轮滑鞋一直没有换下。这个并不高挑的女孩站在挑战之路的起点，之前兴奋的笑意已经收拾干净，脸上只剩下了严肃。她不断地深呼吸，时不时滑行两步，拍一拍自己的大腿肌肉，希望能够稍微缓解一下之前因为突然增大训练

▲ 主持人撒贝宁亲自钻入车底体验

量而受伤的韧带的疼痛。

进行挑战的时候天色已晚，这个时候打出的光亮并不自然，投射在李明芬的身上，让人有一种会被灼伤的错觉。但李明芬并没有对此做出什么反应，她的双眼紧紧盯着眼前的第一辆汽车，这将是她挑战的起点。

这些总重量超过 30 吨的钢铁怪物，大咧咧地横在她的挑战之路上，像一条巨龙，张牙舞爪，得意洋洋。

当然，在这位英勇的公主正式挑战巨龙之前，还有一位负责任的骑士在为她开路。这位骑士不是别人，正是在李明芬极限轮滑道路上发挥着举足轻重作用的，她的父亲李卫文。

年近半百的李卫文握着手帕，在 18 辆小汽车两边来回穿梭，弯着腰，睁大了眼睛仔细检查车底，不放过每个细微之处。在之后的采访中，当我们问起李卫文为什么要在工作人员已经检查过现场之后还如此亲力亲为时，这位父亲十分自责地告诉我们，在之前的一次练习中，地面上有一粒沙子没有及时清理干净，导致女儿在滑行时，滑轮被这粒沙子卡住，身体失去了平衡，不但造成了身体多处擦伤，还因此摔掉了一颗牙齿。

▲ 挑战中的李明芬

自那次之后，他一定会在女儿练习之前细细检查每寸地砖，生怕再造成什么不可挽回的伤害。

而且，这次挑战的难度已经大幅度提高了。在此之前，李明芬练习的只是低空过杆，从未挑战过车底穿越。前者只要在过杆的瞬间保持俯身姿势即可，而后者则要求身体在整个穿越过程中保持同样的姿势，不能有丝毫的上下移动。

观众们也都看出了这个项目的难度，三位评委不约而同地拧起了眉头。人们都觉得这个挑战实在是太过严苛，容不下哪怕一丁点的失误。但他们都不知道，李明芬这次是带伤上场的，他们所想到的，比起李明芬真正要克服的困难，还远远不够。

挑战，即将开始。当主持人撒贝宁正式宣布挑战开始之后，李明芬深深地吸了一口气。这个 17 岁少女的胸膛起伏了一下，像是聚起了万丈豪情。心意已决，李明芬不再犹豫，她出发了，像一颗流星划破寂静的黑夜。

人们看不出当时的李明芬心里在想些什么，只看见她在助跑了一段并不长的距离之后，双脚分开，整个人迅速下压伏低，身体紧贴地面。靠着已经被拉伸到极限的腿部肌肉和韧带维持着身体的平衡，李明芬凭借惯性从一辆辆汽车下面飞速穿过。

短发飞扬的她像是一只轻盈的雨燕，破开迎面而来的烈风，从人们眼前一闪而过。虽然空间狭小，但她从始至终都不曾闭上眼睛，紧盯着数十米外的终点，除此之外的任何物体和声音都无法吸引她的注意。

李明芬穿越的速度之快超出了所有人的想象。在场的人们刚刚才见她身形矫健地钻入第一辆车底，还没等反应过来，她的滑行就已经接近终点了。观众们睁大眼睛，才能勉强看清车底掠过的模糊的影子。评委们也坐不住了，他们不自觉地向着挑战道靠进，甚至蹲下身来，想要看清这一场超越人类极限的穿越过程。

而在另一边，公主的骑士也丝毫没有放松警惕。李卫文惴惴不安又激动万分地随着女儿在车尾奔跑着。父亲的视线牢牢锁定在女儿身上，哪怕她已经离终点近在咫尺，他紧皱的眉头也没有松开。直到李明芬直起身子，示意挑战成功时，李卫文的脸上才露出了放心的微笑。速度之快，以至于除了父女俩，其他人都还没回过神来，甚至有种措手不及的感觉。

▲ 舞台上的李明芬

直到李明芬脸上的笑容和舞台上的烟花一同绽放，人们才明白挑战已经成功。全场的紧张情绪终于消除，四周骤然响起了激烈的掌声、尖叫声和不可置信的惊呼声。

董卿、李昌钰和周华健三位评委一一上前向李明芬表示祝贺，主持人撒贝宁也激动地拥抱她、祝贺她。小撒带着无法抑制的感动对大家说："就在刚才，她挑战了我们所认为的'不可能'，也挑战了她自己的极限！"这一刻，就连情绪一直很稳定的李明芬自己也是泪流满面，那一直以守护者的姿态站在她身边的父亲李卫文，也不禁眼眶泛红。

挑战者和见证者共同分享着成功的喜悦。人们在赞叹，庆祝这个皆大欢喜的结局。然而就在这时，李明芬又拿起了话筒。

她说："在这次挑战之前，我心里其实真的很畏惧。然而当我滑到终点的时候，我觉得我可以做到！今天我想要进一步挑战一下自己。我要将最后5辆车的高度，再降低两厘米。"

一切还远没有到结束的时候，刚才的挑战只是为更加艰难的挑战拉开了序幕。

所有人都不敢相信自己的耳朵，惊讶地注视着台上的李明芬和她的父亲。两个人静静地伫立着，带着耀眼但不刺目的骄矜，如同一股热浪裹挟着自信与信念而来，让人浑身发烫，热血沸腾。

观众和嘉宾评委各归各位，现场再次忙碌起来。工作人员开始谨慎而精密地调整车辆的高度。底盘在上一次挑战中就已经降到车辆设置的最低限度，为了能够再多降两厘米，他们只能对最后5辆车的轮胎进行放气处理，使整车的车身随之降低。也就是说，在滑行余力减弱，如同强弩之末的最后一段挑战之路上，留给李明芬进行穿越的空间高度仅有27厘米。

27厘米是一个怎样的概念呢？主持人撒贝宁再次用亲身体验告诉了所有人。

身材并不魁梧的撒贝宁再次使用躺板进入车底，挤迫的空间使他几乎无法做出任何动作，鼻尖就快要挨上汽车底盘了。但事实上，与轮滑鞋的高度相比，主持人所用的躺板已经占了很大的便宜了。这意味着，李明芬要将自己的身体绷成一根拉紧到极限的弦，自始至终保持着头脸几乎贴地的姿势，仅靠惯性滑行，在到达终点前决不能出现一丁点的失误或者上下移动，否则极有可能造成不可挽回的伤害。

李卫文又一次来来回回紧张地检查着这段路。这一次的挑战，他的信心其实并没有那么足够，他唯一能够缓解自己几乎要跳出喉管的心脏的方法，就是摒弃杂念，专注于为自己的小公主做好最仔细、最万无一失的准备，用那双无可替代的父爱之眼为女儿扫清挑战路上的风险。

现场的气氛又渐渐紧张起来，人们试图克制，但又情不自禁地讨论着什么。四周轻轻的嘈杂声好似一场决战即将开始前的骚动。

李明芬再次举手，示意主持人自己准备好了。冲锋号吹响了。

李明芬又一次冲向了前方的汽车长龙。助跑到一定的速度后，她再次俯下身去，双手握住轮滑鞋的鞋尖，双腿向身体两侧滑开。从正前方看，她的身体完全展平，如同黎明将至的地平线，无尽的能量喷薄欲出。

有了上一次的观看经验，这次大家都瞪大了眼睛做足准备，不想错过每个瞬间。但这次，大家期待的那抹光亮并没有如期而至。

时间过去了漫长的十几秒钟，李明芬仍然没有从最后一辆汽车下出现。现场观众和评委们的心都提到了嗓子眼。整个外场鸦雀无声。

不会吧？难道出现了什么意外？在人们的心弦即将绷断的最后一刻，李明芬终于从车底缓缓滑出。成功的那一瞬间，她坚毅而专注的脸上露出了难以自抑的笑容。因为连续挑战造成的体力消耗，第二次李明芬的初始速度并没有第一次快。在车底的滑行越慢，停留的时间越长，她的身体和精神就要承受越大的压力。第二次挑战结束之后，她依靠着父亲站了起来。

她的腿部肌肉几乎就要承受不住连续两次高强度的挑战，极限的张力差点令她支撑不住自己的身体。拉伤的韧带让她承受着常人无法忍受的疼痛，但她经受住了所有的考验，她终究还是做到了。

全场再次响起了掌声。

这次的掌声，不同于第一次。这次的掌声不再是单纯的惊奇，也不仅仅是对李明芬挑战成功的祝贺。这次是人们被她非凡的毅力深深折服，是人们在向那个娇小身体

▲ 从车底飞速掠过的李明芬

里面所居住的强大灵魂致敬。

她已突破自己的极限，完成了对"不可能"的征服。

李明芬为自己今天的表现打出了100分。她说，她觉得自己今天表现得非常完美。

当时17岁的李明芬已经练习特技轮滑十年了。她和父亲都很清楚，特技轮滑的挑战之路无法永远持续下去。单单是为了完成这一次的挑战，增大的训练量已经导致多处拉伤，她的身体已经快要承受不住了。李明芬希望，这一次的挑战，能给自己的十年轮滑梦一个交代。

她做到了，她给了自己一个完美的收官。

就在录制《挑战不可能》的当天，在另外一块场地上，李明芬用14.15秒的时间连续滑过20辆车的车底，距离长达57.5米，创造了新的吉尼斯世界纪录。

一
个
普
通
的
爱
好

在参加 2015 年《挑战不可能》节目第一季录制时，李明芬才 17 岁，是一名高三文科生。和所有紧张备战高考的学生一样，她几乎把每一分清醒的时间都投到了繁忙的学习之中。2016 年，18 岁的李明芬说，她将要告别特技轮滑了。

当 11 年前的李明芬第一次尝试特技轮滑时，她可能不会想到，这项在平常中玩出惊险的运动，竟然会贯穿她从小女孩成长为少女的全部时光。

那是 2006 年年初的一天，李卫文带着 8 岁的李明芬到容桂的一家溜冰场玩，当时场内正好在举行一个并不算太正式的溜冰过杆比赛。在父亲的鼓励下，没有任何相关基础的小明芬勇敢地站到了起点。

"快要滑到低杆前的时候，抓住自己的脚，两腿分开，身子俯下去就行。"李卫文将如何维持平衡、保持身体低姿态的诀窍告诉了女儿。令他没有想到的是，原本只是好奇试一试的女儿"一不小心"就闯进了决赛，甚至还轻松拿到了冠军。稚嫩的小明芬兴奋地向父亲炫耀着自己的成绩，而父亲的眼中却第一次注意到了女儿不同寻常的溜冰、轮滑天赋。这让李卫文兴奋不已。他年轻的时候曾当过 4 年的业余体操运动员，后来因为没有找到适合发展的平台而中断了职业生涯。

能够创造一个纪录，是李卫文年轻时最大的梦想。在他身上，这个梦想已难再续，但是在女儿身上，李卫文看到了希望。也许正是因为遗传了父亲优良的运动基因，李明芬的柔韧性和平衡感从小就要比其他孩子更占优势，这也让她在初次尝试过低杆时就显得十分轻松自如。

李卫文告诉自己，绝不能辜负女儿的这项天赋，从此他便开始尝试着对小明芬进行针对性的训练，希望能让她的天赋从此尽情释放。

他没有看错。仅仅经过了两个月的特训，小明芬的成绩就突飞猛进。在 12 岁时，已经经历了长时间系统训练的小明芬成功创造了轮滑过低杆最远距离 55 米的吉尼斯世界纪录。

年幼的李明芬，简直是特技轮滑界的"天之骄女"。

不过，伴随着一项项纪录和一份份荣誉而来的，是越发艰苦、严酷的训练。

李卫文每天下午都会在学校门口守候着，小明芬一放学，他就会带她去广场练习 3 个小时。每逢周末，她甚至要花一整天的时间练习。

最开始的时候，小明芬在练习下腰、倒立等一些对柔韧性和肌肉力量要求很高的动作时，自己常常不得要领，无法做到。这时候，做过运动员的父亲就会一遍一遍地教她，还亲自示范，直至她熟练掌握。除了陪练外，父亲还会帮她设计各种漂亮、新颖的动作，使她的表演更加精彩。

长期坚持如此高强度的训练，也曾经让当时还小的李明芬心生委屈。她也曾经常闹脾气，几度想放弃。有一次在练习蒙眼过低杆的时候，小明芬因为有情绪，心不在焉，结果不小心被一颗小石子绊倒，磕掉了半个门牙。为此她还罢工了好几天，不肯练习。但是，当情绪平复下来，为了自己的轮滑梦，也为了父亲的殷切期待，小明芬还是咬着牙，日复一日将汗水抛洒在训练场地。

挑战特技轮滑这样的项目，危险是无法绝对避免的。除了腿部肌肉要承受巨大压力之外，一些意外因素或微小的失误，都可能会引发极为严重的后果。轮滑路径上的一颗小石子，就会让她整个人都摔出去。11 年来，她身上受过大大小小的伤，但是那一股青春的倔强和对梦想的执着让她一直坚持到了今天。

▲ 李明芬、李卫文在西班牙做节目

　　父亲经常鼓励她说："每个优秀的运动员，都要经过千锤百炼才能取得成功。"李明芬也正是这样做的。在柔韧练习和基本滑杆动作的练习里，她对自己的要求甚至比父亲对她的要求还要严格苛刻。因为她深知，要想挑战不可能，就绝容不下一丝马虎。

▲ 李明芬过刀杆

降落的梦想

李明芬在少女时代，就凭着蒙眼溜冰钻杆、贴地滑行百米钻杆等"绝技"成为人们关注的焦点。她多次打破溜冰、轮滑"低空"领域的世界纪录，靠着出众的天赋和刻苦的训练，她真正成为了这项运动中的"传奇人物"。父亲李卫文曾自豪地说："明芬不但可以正向滑行，还能反向滑行，过刀架、过火底、转弯等全是她的拿手活。"

李明芬在接受媒体采访时也说过，她希望自己能够创造一项"反向滑行"的世界纪录。在录制《挑战不可能》的那一天，她原本想要挑战的吉尼斯纪录是"倒退过车底"，但因为当时伤病在身，状态不佳，最终才无奈放弃。

李明芬与央视的缘分并不是从 2015 年开始的。早在 2011 年，央视一套有一档节目叫《天生我才》，当时还是个初中生的李明芬就曾在节目中现场挑战吉尼斯轮滑过低杆记录。镜头中，那个在轮滑场上飞翔的小女孩怎么也不会想到，有一天她将不得不告别自己坚持了多年的梦想。

在 2015 年参与《挑战不可能》第一季的录制时，李明芬的身体状况并不太好。升入高中之后，她的学业压力随之增大，慢慢减少了训练时间。这一次为了冲击吉尼斯世界纪录，李明芬在暑假时开始了高强度的"特训"，这样突然的"临时补课"给她的身体造成了极大的压力，以至于在挑战前韧带受伤。

随着年龄的增大，李明芬和父亲李卫文都明白，留给她挑战特技轮滑极限的时间已经不多了。无论是青春期的快速发育，还是韧带的逐渐僵化，都给她的低空穿越造成了极大的困难。雪上加霜的是，多年训练和表演造成的伤病不断累积，已经开始让她难以承受了。

就像父亲李卫文所说的那样："轮滑表演，吃的是青春饭。"

李明芬并没有对此感到太难以接受。在她第一次意识到自己低空过杆的难度开始远高于小时候时，这个无法逃避的未来就已经清晰地摆在她面前了。也正因为这样，李明芬更加决心要在《挑战不可能》这样一个难得的舞台上，为自己的十年轮滑生涯交出一份完美的答卷，让她的梦想在这个瞬间最灿烂地绽放。

既然是挑战"不可能"，那么究竟不可能在哪里？身体几乎发育完成，从硬件上已经不允许再进行低空穿越那种程度的拉伸，而她仍然要坚持挑战；把轮滑过低杆的一根"杆"换成一长排钢铁铸成的汽车，大大增加了挑战的危险性，将自己逼上绝境；在挑战成功之后，仍然给自己设置了更高的极限，将车身高度降低后再次挑战……

这些"不可能"的条件，哪怕只是其中一件，也会让身为局外人的我们望而却步。而如今，荣耀与勋章伴随着伤痛一起，在李明芬年轻的身体上展示着青春的血泪和骄傲。在那万众瞩目的舞台上，她自信地昂着头，脚踏战靴，无畏地站在挑战之路的起点。

那一瞬间她的心中一定是思绪万千。这千万种思绪，最终都化作了勇气，化作了

▲ 李明芬展示平衡技巧

▲ 李明芬做高难度轮滑动作

强大的意志。这是最后的挑战，她深呼吸，在喧嚣的世界中她的心一如既往地平静，在平静中积蓄着爆发的力量。

冲刺，无悔是青春的梦想，挑战是梦想降落的地方。

2016 年 6 月，李明芬受邀到西班牙进行轮滑穿越车底表演。表演前，李卫文依然像过去每一次那样，仔细清理表演场地，反复检查车底，将所有异物清除。认真细致的他，还真的发现了两颗钉子。李明芬助跑、俯身，从车底一掠而过，整个表演如行云流水，一气呵成。

观众欢声雷动——不管是哪种文化、哪种语言，这样的精彩表演肯定会让人忍不住大声欢呼、用力鼓掌的。人们看得懂那一瞬间的精彩中凝聚的汗水，看得懂那小小的身体里蕴藏的力量。

父亲的细致关怀和李明芬神奇的表演，都让西班牙合作方刮目相看，赞叹不已。其实就表演本身来说，这一次并没有什么特别，不过就是她近 11 年来大大小小的表演中极其普通的一次。

但是，从她整个特技轮滑生涯来看，这已经是她进行低空穿越的倒计时了。2016年的暑假过后，李明芬就要进入大学校园了。她终于要卸下 11 年的艰苦训练，收藏起身上数不胜数的世界纪录，退出这个她再熟悉不过的领域。

多年来的训练、表演、挑战、突破，使特技轮滑早已经成了她生命的一部分。骤然迎来终结，李明芬的心中也是五味杂陈。

"长大了，已经回不去了。虽然我就要退役了，我大学读的专业和特技轮滑也没有多大关系，但是以后只要有人愿意学，我就愿意教。毕业后如果可能的话，我想办个轮滑培训班，把这份技艺传递下去。"

对于 18 岁的李明芬来说，人生才刚刚开始。她说着这番话时，显得平静而愉悦。她真的长大了，即将落幕的轮滑梦，并没有给她带来过多负担。

几年前，她还不曾想到梦想会有完结的一天。那时她坚信，她会一直滑下去，一直快乐地挑战高度越来越低、距离越来越长的"低空穿越"，一直去打破一个又一个的世界纪录。

一年前，她开始模糊地望见了梦想的终点。那时她也曾感到过恐惧和迷茫。她知道自己必须要放弃了，但是，那曾经被轮滑占据过的生命，放弃之后将会出现的空白，她该用什么去填补呢？读书、上学、考大学，然后呢？就这么平静地生活下去，就像轮滑从不曾出现在她的生命中吗？

但是现在的她，既不会迷茫，也不会逃避了。她知道结果固然重要，但过程同样重要；她知道轮滑是她生命中有机的一部分，是即便退出挑战台也绝不可能完全割舍或彻底放弃的一部分。她已经在《挑战不可能》的舞台上证明了自己，挑战了那"不可能"的轮滑技艺；如今她必须在人生的舞台上，勇敢挑战生活中更多未知的"不可能"。

梦想也有终点，要接受这个事实是多么残酷。李明芬是幸运的，许多人一生都无法实现一个真正的梦想，而她在少女时代就圆满完成了。但是现在，她必须面对这个梦想的终结，去寻找下一个值得她追寻的梦想了。

除了彼得潘，每个不想长大的孩子总有一天都要面对童年的终结。我们终会走上无法逃避的成长之路。但是沿途那些被汗水浇灌过的花朵不会枯萎，她们会定格于最耀眼最美丽的那一刻，在我们的记忆中，也在与我们同行的人的记忆中优雅绽放。每每回顾，都会温暖前路。

李明芬虽然不会再挑战低空穿越，但是，在人们的记忆中，她将永远是那只如闪电般划破长空的勇敢的雨燕。无论是谁曾经有幸看到过李明芬那俯身前行时坚定的眼神，都永远不会忘记这个特别的女孩。

人生不是一场殚精竭虑的谋篇布局，而是一次为了更好的自己的全力以赴。遇见它，挑战它，再战胜它，这场战争会夹杂汗水、眼泪，甚至会有崩溃和绝望，但是当我们完成这些曾经以为的"不可能"时，就已经实现了极致的蜕变。

> 董卿：青春之所以宝贵，是因为它一去不复返；而青春之所以美好，是因为它拥有无限的可能去挑战不可能。就算有一天，你真的脱下了轮滑，也希望你的生命能够继续穿着它，走得更远，实现自己更多的梦想。

第九章

独轮车的舞者——陈重沁

扫一扫，看**陈重沁**精彩挑战全程

陈重沁，极限独轮车手。如同炫酷的身份，他在独轮车骑行上有着华丽的成绩。

2013年9月19日，陈重沁以11.7米的成绩刷新独轮车过啤酒瓶口的吉尼斯世界纪录。

2013年12月17日，陈重沁以18米的成绩刷新独轮车过啤酒瓶口的吉尼斯世界纪录。

2014年1月5日，陈重沁啤酒瓶口骑行独轮车30.17米，刷新吉尼斯世界纪录。

2014年10月1日，陈重沁在距离地面高度1米的扁带子上，骑行独轮车17米，刷新吉尼斯世界纪录。

2015年2月19日，陈重沁在限时28秒内，骑行20米，创造了限时28秒内，啤酒瓶口上骑行独轮车的吉尼斯世界纪录。

2015年2月22日，陈重沁独轮车倒骑啤酒瓶8.5米，刷新吉尼斯世界纪录。

因为独轮车，陈重沁从一个"运动白痴"，变成了拿下六项吉尼斯世界纪录的神奇运动员。

骑『飞』独轮车

"哪吒有脚底生风的风火轮,我有能在瓶口跳舞的独轮车。"来自福建省三明市尤溪的陈重沁,是一个深深迷恋着独轮车的小伙子。

出于对独轮车的热爱,陈重沁不仅带着妻子孩子一起练习,更发起成立了"特亮独轮车俱乐部",吸引了许多人加入独轮车骑行队伍。

年届不惑的陈重沁,骑上独轮车,就像一个 18 岁的阳光大男孩,在独轮车上前进、倒退、跳跃。而独轮车在他脚下,就像是一位和他配合默契的老伙伴,带着陈重沁回到年少无忧的美好时光。

独轮车给陈重沁带来的是满满的自信,就像他在《挑战不可能》舞台上的亮相——明黄色的运动着装、灿烂的笑容,独轮车带着他缓缓而来。

尽管陈重沁独轮车骑行的技术纯熟,也参加过不少独轮车骑行的挑战表演,但他笑起来时嘴角依旧带着微微的羞涩。

"我今天要挑战的是高空独轮车过啤酒瓶。"陈重沁凝练而平淡,却语惊四座。高空、独轮车和啤酒瓶,这三者的组合是一种什么样难度的挑战呢?高台,高5米,大约两层楼。啤酒瓶,去掉瓶盖,口朝上,在高台上密密麻麻排成一排。陈重沁要在距离地面5米的高台之间，在啤酒瓶依次排列组成的一条通道上，骑着独轮车从高台的一端出发，顺利到达另一端，才算挑战成功。挑战的场地布置看起来就已经有些吓人了。铁架的高台很高，也很窄，没有护栏，也没有扶杆，放着的一排啤酒瓶瓶口就是路面。啤酒瓶口才有多宽，不过两厘米。在这又高又窄的台上骑独轮车，是在开玩笑吧？

挑战大使黄子韬先进行了一场"低配"版的难度挑战测试——携带护具在高台上行走。在看到高台高度的时候，黄子韬的恐惧就已经表露无遗，紧张的他甚至需要减压调节，半开玩笑地问："我能在挑战之前上个厕所吗？"全场大笑，主持人撒贝宁认为这是黄子韬恐高的过度反应。

主持人撒贝宁笑着说要去探探路，噔噔噔，轻松地走上高台。然而，一站定在高台上，撒贝宁刚才的潇洒全无，立刻变了脸色。"我的天啊！"他甚至要双手紧紧地抓住高台起点的护栏，脚步不听使唤地一步一步往下挪。

黄子韬站上高台后，紧张得连连深呼吸。走到全程的三分之一时，已离开安全的起点，距离终点仍有一段距离，余光瞥见深渊一般的台下地面，双腿仿佛失去力气不住地颤抖。黄子韬从高台下来的时候满头大汗，整个人如同劫后余生。但陈重沁却好像视5米高台如无物，还要骑独轮车过啤酒瓶，陈重沁是怎么想的？

"高空独轮车过啤酒瓶是受到了高空走钢丝的启发，我想能不能把独轮车从地面骑到天上去。"陈重沁提出这个想法时就像孩子发现了玩具的新玩法。可是高空独轮车跟高空走钢丝相比，这个难度可就不是一个等级的了。高空走钢丝的人，直接踩在钢丝上面走，虽然很难，但是走得快走得慢都由自己的反应控制。而高空独轮车，即使再纯熟的骑行技术，独轮车始终不是自己身体的一部分，要控制车子前行需要有一定的速度，一旦速度过慢，轮子停下了就容易倒；而一旦速度过快，又不好控制方向，容易偏离路线导致跌落。走钢丝的人一般都会手拿一根长杆借力平衡。可是骑行独轮车要怎么手持长杆呢？对平衡感的考验又上升了一个台阶。此外，独轮车只有一个轮子，骑行过程中必须左右摇摆才能保持平衡，在高空几厘米宽的啤酒瓶口上骑行，为了保持平衡的左右摇晃，这怎么能做到呢？啤酒瓶瓶口和独轮车之间的摩擦力非常小，加上人自身的重量，一旦对方向感的把握出现一丝一毫的偏差，高空"车祸"就不可避免。主持人也透露，在节目彩排时，陈重沁曾多次在高台上进行独轮车过啤酒瓶的尝试，均以失败告终。

陈重沁的挑战开始了！他小心翼翼地将独轮车摆放在酒瓶上，一只脚搭在车轮上面，不断试探、细心估计，寻找着合适的切入点。他每一次的试探都尤为细致小心，好像在通过独轮车和啤酒瓶口进行交谈。接着双脚一踩，独轮车稳稳地立在啤酒瓶上，引得观众一片惊呼。

独轮车开始滚滚向前，灵巧地滑过光滑的啤酒瓶口。尽管陈重沁看起来自信满满，但所有人都面露忧惧，一旁的挑战大使黄子韬更是紧张得用手抚着自己砰砰直跳的心口。车身在高台上不断摇晃，为了平衡，陈重沁的手也一直在摇晃。独轮车的车轮一圈一圈，走过了路程的三分之一。当所有人都以为剩下的路程也能如此平稳地走过的时候，陈重沁整个身子突然向右猛地一扎——半个身子已经偏离了平衡点！所有人的心都提高到了嗓子眼。

此刻，陈重沁的心里、眼里只有脚下的独轮车和要走过的一排翠绿色的啤酒瓶，耳朵听不到别的声音，只有自己心里的信念：骑过去，骑过去。有惊无险，

▲ 独轮车的挑战现场

陈重沁迅速地调整了身体的位置，在转瞬之间重新保持住了平衡。也许陈重沁刚刚那一下力挽狂澜，强行扭转倾倒之势消耗了他太多的能量，我们能感受到，陈重沁在后续的挑战之路上分外紧张，身体对于平衡的掌握度也有些下降。尽管如此，陈重沁也在慢慢地稳定心态，一鼓作气，竭力控制独轮车穿过后续的路程。

这短短的一段骑行犹如一个世纪那么漫长，独轮车在路上走了多远，陈重沁似乎已经忘记了。他沉浸在挑战不可能的快乐里，沉浸在专注独轮车的愉悦里。

独轮车终于靠近了终点，所有人都屏住了呼吸，车轮最后一圈完美地从啤酒瓶上走过。

"成啦！"

陈重沁一跃跳下独轮车欢呼起来，如同一个孩童一般激动而兴奋。他举起手中的独轮车向台下的观众热情地示意，喜悦兴奋之情溢于言表。手中的独轮车不仅仅是他用来挑战的工具，更是陈重沁拥抱着的并肩作战、一同面对千军万马的亲密战友。

这一份胜利来之不易，因为梦想，陈重沁真正地把独轮车从地上骑"飞"了。

▲ 开始挑战的陈重沁

独轮车点亮生活

　　周末的早晨，在广场或是公园，总有一群独轮车爱好者在练习花式动作，引得围观的人群阵阵喝彩。在这群独轮车骑行练习者中，常常会有陈重沁的身影。

　　6年前，陈重沁便与独轮车结下了不解之缘。那时，陈重沁在厦门集美区的一家外资企业工作，从事进出口贸易。由于工作压力比较大，他就想在工作之余寻找一些娱乐放松的运动。一个偶然的机会，陈重沁在浏览网站时，看到了一段独轮车花式骑行的视频。

　　"当时我就觉得，这项运动太酷了！"

　　独轮车新奇酷炫，造型不同寻常，学习和练习的难度比自行车、轮滑、滑板之类要大很多，骑行的时候轮子需要左右摇晃来保持平衡，将倾未倾的时候双手一个平衡把车子回正，惊险而又刺激。独轮车只有一个轮子，轻便、简练的美感也成为它的优点。小小一架独轮车，可以旋转骑行、台阶跳跃、波浪倒骑，视频中的骑行者对这些花式项目信手拈来。看着活力四射的骑行者，陈重沁有些心动。

　　"独轮车新奇酷炫，我平衡感也还不错，为什么不去尝试呢？"

　　独轮车在当时并不被人们熟识和接受，妻子听说他要开始练习独轮车时，出于对丈夫安全的考虑，第一反应是极力反对，而周围的同事朋友则觉得很奇怪，独轮车被归为杂技杂耍的玩意儿，陈重沁为什么会对这样的玩意儿感兴趣呢？

陈重沁也有些顾虑，虽然自己对独轮车骑行十分喜爱，但练习时旁人异样的眼光总让他觉得十分不舒服。但后来他想明白了，骑行独轮车的快乐是自己的，别人没有骑过独轮车，自然体会不到这其中的趣味，为什么要因为别人的不解放弃自己的快乐呢，多不值得！

这小小的独轮车要骑上可不容易。尤其在当时独轮车运动还太小众，起初，陈重沁连卖独轮车的店都找不着，更别说相应的教练和教程了。所以他只能靠自己，从零学起。独轮车的训练不需要专门的场地，只要两三平方米的空间，于是陈重沁把自己家的客厅和天台变成了独轮车训练场。结束一天繁重的工作回到家，他就会在自己小小的训练场里开始新的征程。

独轮车没有扶手，上车的平衡对于初学者来说是第一只拦路虎。最开始的时候，独轮车就像一匹桀骜不驯的野马，每当陈重沁双脚踩上踏板，这匹"野马"就脾性大发，东倒西歪，把他掀翻在地。陈重沁练习独轮车的日子，过得就像一个驯马师一般。驯马师尚且还能通过给马儿喂食来驯化，而陈重沁对于独轮车，只能是不断尝试、不断磨合。

当然，陈重沁没有轻易放弃，对独轮车运动的喜爱给予了他继续前行的力量。自己尝试很困难，那么换一个角度想，可以在网上寻找经验、在论坛里寻找教程；自己练习单调枯燥，可以通过网络结交其他的独轮车爱好者，相互交流和指导；空手平衡的力量不够，那么就扶着天台的栏杆和墙，先骑着走一段找找感觉……

世上无难事，只怕有心人。经过一个多月坚持不懈的训练和多种技巧方法的尝试，陈重沁终于能凭借自己的力量骑上独轮车，甚至，他还能骑上一段路。

陈重沁很开心，不只是因为成功骑上了独轮车，更是因为在学习和练习独轮车的过程中，结交了许多朋友。他每天和朋友们交流独轮车，空闲时一块儿聊天，朋友圈热闹起来，生活也充实了，原本被繁重工作压迫的疲劳感也烟消云散，生活不再是担

亮独轮车 日东

▲ 陈垂沁在进行独轮车教学

在背上的沉重包袱。因为独轮车，他找回了积极阳光的生活状态，也化解了家人对独轮车的误解。妻子开始觉得独轮车似乎也很有趣，担心和反对的声音渐渐弱下去，渐渐变成鼓励和支持。

和朋友们的独轮车练习开始变得顺利，陈重沁每周都会约上独轮车"车友"，到附近的公园、广场上一同练习独轮车。随着加入的"车友"越来越多，他和他的朋友们自发成立了厦门"特亮独轮车俱乐部"，鼓励爱好独轮车的朋友们一同交流练习。到目前，"特亮独轮车俱乐部"已经是一个有30多人的大家庭了，其中既有未成年的小学生，也有白发苍苍的老爷爷。无论表面看起来有多大的差距，大家都同样地热爱着独轮车。

现在，独轮车已经成了陈重沁生活的一部分了。陈重沁有时候出行时会直接骑着独轮车，在周末练习的时间，妻子也会参与到活动之中，甚至4岁的儿子在经过一个月的训练之后，也能自如地骑行独轮车了。业余时间，陈重沁会和俱乐部的朋友一起，到当地的聋哑学校教学生们骑独轮车。

兴趣是一个怎样神奇的东西啊！它像是一盏发光的琉璃灯，放在你的生活里，为你增添多彩的颜色；放在你的闲暇里，给你温暖的慰藉；而若是提着它走出门去——在这盏琉璃灯的照耀下，你能发现隐藏在前路的如星点般美丽的欢愉。

独轮车上的『人生赢家』

"只有打破了啤酒瓶才有可能打破世界纪录。"陈重沁曾笑着说："我是在打破无数个啤酒瓶中打破吉尼斯世界纪录的。"2012年以前的陈重沁，只是把独轮车作为一个业余时间的兴趣爱好，但2012年以后，他骑着独轮车走上了挑战世界纪录的道路。

2012年1月的一个晚上，无事在家的陈重沁打开了电视，恰巧中央电视台的节目《吉尼斯中国之夜》正在播出，一个关于独轮车的项目点燃了陈重沁的内心。

这是一个"独轮车过酒瓶"的挑战项目，由一位名叫鲁兹的德国小伙子发起挑战。他将啤酒瓶瓶口朝上，一个紧挨着一个地固定在直线轨道上，组成一条"小路"，他的挑战内容就是要在这条"小路"上骑独轮车，如果他能骑行超过10米，鲁兹就算是成功挑战世界纪录。已经能够自如骑行独轮车的陈重沁开始激动起来："独轮车还可以这么玩！"

从这一天开始，陈重沁就已经决定开始走由啤酒瓶铺就的路了。啤酒瓶上骑独轮车可不是随便说说就能做到的。平地骑行和在啤酒瓶上骑行，两者的难度系数天差地别。啤酒瓶口的直径宽度一般都不会超过两厘米，也就是大概两个指甲盖这么宽。而且啤酒瓶竖起来离地面就有一段距离了，瓶口与瓶口之间还不是连续相接的。更何况，啤酒瓶是玻璃做的，一摔、一碰或者一倒都有可能会破碎。因而在啤酒瓶上骑独轮车，对骑行者的平衡感、控制力、专注度等各个方面要求都非常高。

但是陈重沁已经决定了，平地花式的独轮车骑行对他来说已经没有什么难度和挑战了，他要更上一个台阶，练习骑独轮车过啤酒瓶。

听到这个消息，家人和朋友惊讶之余也不再阻拦他，反而当上了陈重沁的练习助手。朋友们听说陈重沁要练习高难度项目独轮车过啤酒瓶，就把家里存着的空酒瓶子都送给了陈重沁。他的"车友"也在练习的空隙来对他进行点评和指导。

更多的时候，则是陈重沁在家里的天台上，将啤酒瓶挨着墙根摆上一排，自己小心翼翼地如初学独轮车一般，扶着墙，努力地把独轮车立在啤酒瓶上。这可比当初学习独轮车难多了，在一排口径小且不连续、瓶身光滑、除去盖子的啤酒瓶子上骑独轮车，稍微不注意，连人带车都会扑通一下掉下来。练习时，仅仅是将车子固定在啤酒瓶的路线上，陈重沁就已是满头大汗。一到他的练习时间，就会传来乒乒乓乓的酒瓶掉落的清脆声音。每次不慎摔落，陈重沁都有可能会被碎玻璃渣扎伤。

随着练习时间的增长，酒瓶掉落的数量越来越少，陈重沁的技能水平也越来越高。天台的独轮车训练场上，陈重沁用来练习的啤酒瓶越摆越多，花样也越来越难，陈重沁在啤酒瓶上骑行的路程也越来越长。

直到有一天，陈重沁顺利通过了超过 12 米长度的啤酒瓶道。

德国小伙子鲁兹创造的世界纪录是在啤酒瓶上用独轮车骑行 10 米。陈重沁心里萌生了一个大胆的想法——我在啤酒瓶上骑独轮车的成绩已经超过了鲁兹，我要不要给自己一个机会，检验一下努力了这么多年的独轮车技术，是不是真的能够超越世界纪录呢？陈重沁决定去尝试一下。不为突破世界纪录，只当作是对自己多年练习独轮车技术的一场考试。于是，陈重沁对独轮车过啤酒瓶的世界纪录发起了挑战。

众所周知，最后的结果是陈重沁以 11.7 米的成绩刷新了独轮车过啤酒瓶的世界纪录，成为集美"吉尼斯第一人"。

陈重沁几年来练习独轮车的努力得到了肯定，不仅是家人和朋友的接受，还有来自世界的承认。几年来练习独轮车的欢乐与汗水、成就与挫折，如电影片段般在脑海内闪回。在对过去的日子进行回味和感叹的同时，陈重沁对于独轮车又有了新想法。

人生，要有追求。"对于独轮车，我的兴趣我的爱好，我也要勇敢去追求。"此后，陈重沁不停地告诉自己，"我还能突破，独轮车的花式玩法还能做得更好。"在坚持不懈的独轮车技术练习的强化下，陈重沁又接连参加了几次吉尼斯世界纪录的挑战。

2014 年，陈重沁在中央电视台《吉尼斯中国之夜》的节目中，与德国独轮车手鲁兹同台挑战独轮车过啤酒瓶纪录。陈重沁在啤酒瓶口骑行 30.17 米，打败鲁兹，刷新吉尼斯世界纪录。

2014 年 10 月，陈重沁在厦门挑战在距离地面高度 1 米的扁带子上骑行独轮车，以17 米的成绩刷新吉尼斯世界纪录。

2015 年，陈重沁再次参加《吉尼斯中国之夜》羊年春节特别节目，依旧是挑战啤酒瓶上骑行自行车。这一次，他以限时 28 秒内啤酒瓶上骑行独轮车的距离成绩打破吉尼斯世界纪录。依旧是 2015 年，陈重沁参加独轮车倒骑啤酒瓶的挑战赛，一次挑战成功，创造了倒骑 8.5 米的吉尼斯世界纪录。在屡次刷新吉尼斯世界纪录成绩的累累硕果下，陈重沁成为独轮车骑行的"人生赢家"。

▲ 陈重沁刷新吉尼斯世界纪录

不再找理由，马上回家

家是一个什么样的地方？

陈重沁也曾是一个漂泊沉浮的异乡之客。当他还只有十几岁时，就离开父母的羽翼，闯荡天涯。

少年的他，踌躇满志，要在这熙熙攘攘的尘世之间，划出一方属于自己的土地。他挥手告别家中的父母，迎着前路灿烂的阳光，去寻找属于自己的未来。

这一走，就是将近 20 年。

陈重沁没有令家人失望，他赤手空拳，摸爬滚打，在风雨的吹打磨砺中，从当年离家的幼雏成长为羽翼渐丰的雄鹰。经历了尝试与挫折、辛劳与汗水，陈重沁在厦门集美区的一家外资企业当上了进出口业务的主管，打理好自己的生活，遇见了心爱的妻子，筑建了自己的小家庭。

经过数年的拼搏与奋斗，这样的结果无疑是完美的。然而，陈重沁心中有一个最大的遗憾，那就是对父母的愧疚。离开家出门闯荡时，他还是朝气蓬勃的阳光少年，勇敢中带着些许青涩，冲动中带着些许果敢。但此后的每一次回家，陈重沁身上的变化都让父母感到陌生——黑了、瘦了、脸上的轮廓变得棱角分明了，谈吐成熟了、处世沉稳了、独立了。

父亲和母亲感觉很心酸——相隔的时间太长了，回家的次数太少了。

儿子回到家，还没来得及好好地抚摸他的脸，还没有来得及仔细聊聊生活中的点滴，还没有来得及给他多做些好吃的，就又要回到遥远的地方，去工作、去打拼。陈重沁外出闯荡将近 20 年的时间里，回家和父母相聚相伴的时间太少了。

每次从家里离开，看着父母在家门前朝自己挥手，像嘱咐第一次出远门的少年一样叮咛着要按时吃饭，要记得好好照顾自己；当父母嘴上说着"早些回去、工作重要"，回头早已泪眼朦胧，陈重沁心里也万般纠结，愧疚、不舍、无奈和难过，情绪在胸腔里冲撞着，奔涌着快要爆炸了，然而为了父母还是强忍下来。

"等一有时间，我就回家。在家多待一段时间，多陪父母一段时间。"陈重沁紧紧地攥着拳头，看着发白的指节暗暗发誓。但是时间真难挤啊，工作占据了陈重沁大部分的时间。陈重沁很无奈，只能强忍着对家乡、对父母的思念，发了狂地拼命工作，希望通过改善家里的物质经济水平，来弥补不能陪伴在父母身边的遗憾。

事情的转变发生在 2015 年的春节，陈重沁接到了一个电话。他得到的并不是同事或朋友带给他的新年祝福，而是一个关于父亲的意外。父亲骑摩托车摔倒了，鼻梁骨骨折、眼角缝针，全身还有多处擦伤。陈重沁心里一慌，顾不上安排好工作和加班，放下手头的一切就往家里赶。"怎么会摔倒了呢？父亲怎么会摔倒了呢？父亲这么大年纪了，受那么重的伤一定很疼吧，为什么当时我不在呢？都怪我，离家这么远。如果我在家里，或者哪怕是离家近一点，父母有人照顾，或许就不会发生这些事情了。"着急、自责、心疼、悔恨，陈重沁的心像被一只无形的手撕扯、揉捏、拽拉着，他的眼睛熬得通红。即使是在后来陈重沁站在《挑战不可能》的舞台上讲述这段辛酸往事时，我们依然能够从他眼中闪动的泪光里读出那一天他的复杂情绪。

"从那一天起，我就决定，不再给自己找任何理由，马上回家。"回家，过什么样的生活都好，放弃高薪的工作又如何，放弃繁华的都市又如何，家才是最重要的，守护自己在乎的人才是最重要的。

这世间的一切都如过眼云烟，执着于高楼大厦间灯红酒绿的奢靡、执着于高级写字楼里尔虞我诈的功名，还能回忆起来我们最开始是为了什么吗？站在高处获得了一时的享受与片刻的满足，一切就像盛放在夜空里的烟花，刹那间温暖绚烂，而后留下一地破碎的冰凉。烟花固然是寂寞的，而为何我们却义无反顾地把自己活成了一朵烟花，为了那一瞬的耀眼，不计后果。在世人刹那的感叹下，留给自己无限的悲凉。

烟火的绚丽触不可及，甚至不能在掌心里留下一丝温暖。没有哪一朵烟花能永垂不朽，握住我们在乎的人的手，看着他们的眼睛，对他们说那些从前没来得及说出口的话，温情才是岁月中的细水长流。人生短短几十年，抬头花开，低头叶落。不要再说明天，没有人知道明天到底是哪一天。只有我们在乎的人，只有在乎我们的人。陈重沁想清楚了，他要回家。

陈重沁撒了一个谎。他对父亲说，现在互联网经济兴起，网络电商正是发展的大好机会，他要辞掉厦门外资主管的工作，利用互联网平台，回家创业。看着儿子坚定而有规划的设想，父亲同意了。儿子回来了，家里每个角落都充斥着温暖，茶余饭后的欢声笑语，梦前醒后的贴心问候。父亲重新拿出了早已被束之高阁的二胡，不时给儿子拉上一段，儿子跟父亲讲讲独轮车，讲讲过酒瓶。感觉又回到几十年前儿子少年时，父子之间拉拉家常、闲话生活的日子。父亲生活中的色彩，是由儿子拿着各种颜色的画笔，左涂一笔右填一色地绘制上去的。

陪伴，是最长情的告白

在《挑战不可能》的舞台上，陈重沁这样描述自己的父亲："他其实非常厉害，琴棋书画样样精通。他是我的偶像，也是我的骄傲。"在与评委交流的时候，陈重沁对父亲崇敬和爱戴的感情溢于言表，甚至在评委李昌钰将父亲作为神秘嘉宾请上舞台时，陈重沁第一眼见到父亲时就"噢"的一下不自觉地叫出声来，难以抑制住内心激动的他竟如一个孩子一般流下泪来，伸出双臂就要拥抱父亲。30多岁的陈重沁在父亲面前仿佛还是一个半大的孩子，虽然极力控制，还是抑制不住泪水的倾泻。

"他是我的爸爸。"

这是一种最深沉最亲切的感情。中国人内敛含蓄的思想中，很多的话说不出口，很多的感情表达不出来。但是贮存心中的感情、深藏心中的爱不会因为不说不表达而减弱分毫。陈重沁与父亲的一个拥抱，无声胜有声。一个拥抱，一个眼神，我感觉得到，我接收得到，我明白得了。

董卿说："知子莫若父。"

是的，我们自认为自己已经长大成人，我们自认为有足够好的谎言瞒过我们的父母。但是无论我们长多高，不管我们走多远，在父母眼里，我们依然是那个抱在怀里呜呜

▲ 陈重沁和父亲

直哭的长不大的孩子。他们依然有保护孩子一切的本能，依然有洞察孩子心声的眼睛。即使我们身在相隔千里的远方，电话里一声为难的叹息，父母都能觉察洞悉。

毕竟，父母和孩子，就像是向往蓝天的风筝和放风筝的人，亲情的牵挂和羁绊就像是系在风筝上的线。孩子长大要独立、要闯荡、要到外面的世界去感受自由和探索未知的可能，于是父母迎着风放飞了风筝，由着它飞向任一个方向，自己只站在原地目送、遥望。

风筝飞得远了，亲情的线就绷紧了——记起来，还有一个时刻等待着自己回归的家，还有家中望眼欲穿的父母。

不管飞多远，风筝身上的线总会指引着回家的路，家的门口，永远挂着一盏等你回来的灯。

陈重沁什么也没有说，可是父亲什么都感受得到。或许父子之间并不擅长这种情感上的言语交流，但生活中日复一日小小的温暖，早已将彼此最深切的情感传达到了对方心中。

陪伴，是最长情的告白。

只有父母，才是家的终极定义。夜深人静的时候，当所有热闹的尘埃都归于平静，偌大的房间里空无一人，在外的游子是否会想念妈妈煮的一碗热腾腾的粥？对家的思念忽然决堤汹涌而来，淹没当初对自由的向往。

而这个时候，父母在做什么呢？

他们守着没有你的家，两个人无事相对，有一搭没一搭地聊着往事。聊着你小时候蹒跚学步时的幼稚与兴奋，踩着小棉鞋吱呀吱呀地走；聊着你对任何事物都能激发的好奇心，抓住一朵野花便不肯撒手；聊着你七八岁时淘气打碎了邻居的窗户，院子里的母鸡、小狗都听到你被打得嗷嗷直叫的挣扎；聊着你十五六岁身高猛蹿，爸爸感叹孩子大了打不动了，你嘿嘿一笑，风卷残云地吃光盘子里的饭菜，抱起篮球就往同学家蹿。再往大里说就说不上了，你外出工作，回家只是为了睡上一觉。爸妈愣了一愣，又重新说起了襁褓中的你。

父母的爱是一种本能，也是一种常态，但绝不是没有尽头的。也许我们从未想象过，但是父母终究有一天会离开我们，我们终有一天会失去这一份看起来理所应当的爱。

"不要等到那一天你才追悔莫及，趁现在还来得及的时候抱一抱你的父母，陪他们喝杯小酒，说一说心里的话。"

"父母在，不远游。"经历了现代都市的繁华过后，陈重沁选择坚守孝道，我们在惊叹他独轮车技艺的同时，更为他的家庭责任感所打动。

回家，回到曾经因你而温暖的地方。

你说你在远方的城市里有一个家，精致、大方、漂亮。

你一个人住，宽敞又舒适。

那不过只是一套房子罢了。

只有父母，才是家的终极定义。

董卿：我觉得可能很多人会说，陈重沁他爸真有福气，老先生有这么孝顺的一个孩子，愿意为了他放弃城市的工作。可是，我想说的是，我觉得真正幸福的人是陈重沁。为什么？因为父母在，家就在；因为父母在，你就会知道在这世界上，永远有那么一个人爱你是不求任何回报的，他在你的背后，是你最强有力的支持者。

攀岩父女——周立超、周瑾和

第十章

扫一扫，看周立超、周瑾和精彩挑战全程

挑战不可能的舞台上，来了这样一个奇妙的小姑娘，她叫周瑾和，来自广州，今年5岁。

与寻常孩童一般的水灵的眼睛、清甜的声音，与寻常孩童一般的活泼可爱、聪明伶俐，与寻常孩童一般的不知所措、紧张害羞。这样寻常的她，却想要在万众瞩目之下挑战不可能，一个5岁的小姑娘，能挑战多大的不可能？

周瑾和穿着一身粉红的小裙子，甜甜地对注视着她的千百双眼睛说，她要挑战攀岩。

溯及先祖，攀岩活动的起源是为了躲避敌人、寻求安全。但这一场攀岩，是爱的合作。

踩着飞镖攀岩

攀岩是件不可能的事吗？或许对于 5 岁的小孩子来说，攀岩的确很难，但绝没有到不可能的程度。但是奇怪的是，现场并没有任何的攀岩设施，只有一块巨大的木板。在这样的光滑木板上，小瑾和要如何攀岩？

在主持人撒贝宁的疑问中，小瑾和第一次表现出了在偌大舞台上的局促。"她在高台上面就不会讲话了。"在周华健老师的提示下，小瑾和被抱到了平坦的地面上，一下子就自然了许多。一个 5 岁的小孩子，对高度有着本能的畏惧，小小的高台都让她不知所措，她又如何挑战 6 米高的"大树"？

再次上台时她紧紧拉住一个男人的表现给了我们答案——她的勇气源自她的爸爸，周立超。

周立超不仅是一位顶级的攀岩运动员，也是一名优秀的定线员。定线，是指为攀岩运动员规划攀岩路线。定线员就像是建筑师，每次定线就像是规划设计图，参赛选手则是施工者，当设计图完成后，施工者就必须按照设计图的要求修建建筑。

定线员本人必须要有一定的攀岩技术，达到一定的水平。目前国内定线员的标准，是男子全国锦标赛必须具有 5.12d 的能力，国际比赛要具备 5.13c 的能力。

定线员要攀爬过许多的线路，尝试过各种类别的攀岩，同时具有理论和实践的经验，可以说定线员是全能的攀岩者。

定线时，定线员一定要充分研究岩壁，想象各种可能性，对攀爬者的能力有一定的了解，确保参赛选手的安全，平均分配休息点。另外，定线员要注意攀爬线路上的难度设定，在到达一个高度后，增加难度。定线的目的，是更好地反映攀岩者的水平，并多方位考验他们的水平层次。

在爸爸的耳濡目染之下，小瑾和从两岁多就初涉攀岩活动。两岁多，还小小的年纪，柔弱的未发育完全的身躯怎么挑战坚硬的岩壁？是揠苗助长故事的翻版吗？抑或是周立超强迫他的女儿来挑战不可能？

小瑾和的表现打消了观众们的疑虑。

柔柔弱弱的小瑾和，大声报出了自己要和爸爸一同挑战的项目——飞镖攀岩。

什么是飞镖攀岩？比谁扔飞镖扔得又快又准，顺利到达顶点？

是，也不是。扔飞镖组成攀岩之路是飞镖攀岩的基础，攀爬者用飞镖做把手点和立足点，一步一步攀上高峰。首先，爸爸周立超要投掷飞镖，将飞镖尽可能牢固地钉在6米高的木质岩壁上，用飞镖组成一条攀爬路径；然后，小瑾和要以飞镖作为把手点和立足点，爬上木质岩壁的最高处。当小瑾和拍下最高处设置的按钮时，本次挑战才算成功。

听完主持人撒贝宁的介绍，大家的心又高悬了起来。仅仅练习了一年飞镖投掷的周爸爸能够为小瑾和铺出一条长达6米的攀登之路吗？飞镖虽然能钉到木质岩壁上，但足以承受一个5岁孩子的重量吗？万一在攀爬的过程中飞镖脱落或者钩挂到安全绳，会不会对孩子造成伤害呢？合作这个项目才两三个月时间的父女俩能很好的配合吗？小瑾和会害怕吗？太多疑虑浮现在观众们的心中。6米高的木板，光滑可鉴。爸爸周立超要用多大的力气才能铺设一条飞镖组成的攀岩之路？女儿小瑾和要有多大的勇气才能踏上充满太多不稳定因素的攀登之路？谁都不能给出答案。

但就这样放弃吗？因为困难重重、不见希望就此放弃？不！爸爸周立超和小瑾和决定接受挑战。

▲ 周立超、周瑾和父女在《挑战不可能》现场

从一排排飞镖中取下一支紧握在手里，周立超深吸了一口气。凝视着 3 米开外的木质岩壁，他面色凝重地活动着双臂，准备投出第一枚飞镖。女儿的安全，很大程度上取决于他的投掷，他一点儿也不敢马虎。他先跑了几步以作冲刺，趁着冲劲儿抡圆了胳膊，努力将飞镖投向面前的木质岩壁。

"爸爸加油！"

伴随着小瑾和天真无邪的加油声，周立超一枚一枚地将飞镖从案板上取下，一枚一枚地坚定抛出。每投一次，他都用尽全身力气，他投出的不仅是飞镖，更是对小瑾和的涓涓爱意。

"爸爸加油！爸爸加油！……"

小瑾和为爸爸加油的声音始终回荡在整个现场，她水灵灵的大眼睛也始终注视着爸爸。周立超一次又一次地投掷，他知道，自己必须尽可能地让飞镖扎得深一点儿，再深一点儿，尽可能地为女儿铺设一条安全的道路。这是他一个人的投掷，也是这对父女一同的奋斗。

一个、两个、三个……案板上的飞镖一枚枚减少，木质岩壁上的飞镖一个个增多。这些在电视剧里总是以伤害性质出现的飞镖，现在却成了小瑾和空中的保障。但是渐渐地，周立超有些疲惫了。每投出一枚飞镖，他都不得不休息几秒，深吸一口气。汗水顺着他的脸庞滑落，润湿了他的头发，浸湿了他的衣襟，甚至一滴一滴落到舞台上。他的脖颈爆出了青筋，他的脸失去了血色，他的气息变得粗重而紊乱，他的脚步不再轻盈有力……但他没有动摇，他知道自己绝对不能动摇。

周立超每次挥出手臂，每次蓄力跳跃，每次抿紧双唇，每次投掷飞镖，都目光炯炯，出手坚定。虽然小瑾和不一定用得上所有飞镖，但周立超在努力为女儿设下所有对她可能有帮助的着力点。哪怕自己再辛苦、再疲惫，也要为女儿拼尽全力。

投掷时间接近半小时，周立超已经陆续投掷了 100 多枚飞镖。木质岩壁上，这些飞镖密密麻麻又有规律地排列着，已经组成了一条基本的攀岩路线。但距离攀岩路径的最高点还有一段距离。怎么办？周立超当场决定借助威亚完成最后路线的铺设。可是在威亚上找不到着力点，很难利用冲刺、跳跃增加飞镖投掷的速度，甚至会因为空中的晃动，影响飞镖投掷的准度。他只能努力地后仰，试图借助哪怕一点儿身体的惯性来尽可能地改善飞镖的速度、方向和力量。

在这期间，小瑾和一直没有停止为爸爸加油鼓劲。在爸爸投掷到高处时，她开心得眯起了眼睛，小嘴微微张开——"哇！"她开心的表情仿佛在向所有人大声的宣告，她有多爱她的爸爸，她多为她的爸爸感到自豪。她可能还不能理解什么叫"不可能"，她只知道，她要踏上她爸爸用尽全力为她准备的道路。她相信他，正如他相信他的瑾和。

"我最多只能给她布一条线，剩下的路要她自己去走，要她自己去选择、判断和坚持。"周立超说。

在这条飞镖组成的攀岩之路上，有些飞镖扎进去了二分之一，有些飞镖扎进去了三分之二，有的飞镖甚至只进入了三分之一。在这样一条充满了艰辛、危险的道路上，小瑾和能平安、顺利地完成挑战吗？所有人在为她担心着。

周立超却没说什么。

他一遍遍地检查着女儿的攀岩装备，紧紧拉住了女儿的手，把女儿带到了木质岩壁的最下方。

去吧——他无声地朝着岩壁的方向推了推小瑾和，小瑾和看起来一点儿也不害怕，在爸爸的指导下攀上了这块"特制"的岩壁。

小瑾和很聪明，也很有经验，在攀爬过程中会选择钉得比较稳的飞镖作为把手点和立足点，也会主动选择踩在两枚同一高度、相距较近的飞镖上。她一步步地向上攀登，避过不稳的飞镖，躲过干扰的飞镖，小小的身子蜷成奇怪的形态，在百枚飞镖组成的攀岩之路上一步步向上。

在女儿攀登的过程中，周立超紧攥的拳头展现了他投掷飞镖时都未曾有过的紧张。他紧紧盯着女儿攀爬的背影，如果可以，他多希望自己的目光化为实质的力量，扶着女儿一步步攀登。但他知道，这条路，只能由女儿自己去选择、判断、坚持。

在挑战过半的时候，可能是因为体力的消耗，也可能因为路线选择的复杂，这个天不怕地不怕的小女孩的速度开始明显地慢了下来。脚掌微微一滑，她略微踩空了一下，虽然迅速调整了姿态，稳住了自己的身体，但还是流露出一些不知所措。她的双脚有些颤抖，不由自主地望向了一直在旁边为她加油的爸爸。

"爸爸……"她喃喃地念着，小嘴微微嘟起。

周立超泰然地对上了小瑾和的目光，"别怕、别怕，你最棒！" 他竖起了自己的大拇指，不停为小瑾和加油打气。他放在身侧的手，却狠狠地攥紧。他明白，自己即使再焦急、再心疼，也不能表露出来，他越是自信、勇敢，他的女儿才会越自信、越勇敢。

不论前方道路如何，"有爸爸在呢。"

"好样的！漂亮！"在爸爸的鼓励中，小瑾和再度鼓足勇气，开始向顶峰发起冲击。她攀爬的不仅是一条攀岩之路，更是她的人生之路。

最后几步，她迅速攀上，有力地拍下了木质岩壁顶端的按钮，"挑战不可能"的灯光亮起。挑战成功！

那一刻，岩壁下的周立超终于露出了释然的笑容，他高举双手，表情无比自豪。他紧紧抱住从高空降下的女儿，既心疼，又骄傲。

"哇！"

"你要坚持啊。"

"爸爸加油！"

"至少我想让她知道，她的爸爸曾经为她做过些什么。"

我想给你全世界最好最好的一切。

我想保护你，不让你受伤。

我想陪你一起成长。

可是我只能帮到你一点点。

我更希望你自由自在地，去走你想走的路，成为你想成为的人。

　　没有人在看到周立超拼尽全力投掷飞镖的时候，还能毫不为之动容；也没有人在听到这个坚强男人动情诉说的时候，还能不被他的苦心感动。

　　飞镖攀岩，简单的挑战规则背后，蕴含了太多太多；一个爸爸想对女儿说却又不知该怎么表达的话，对女儿今后人生的祝福与期望，都融入了这一次的挑战里。

　　正如周华健评委点评时所说的，每一个爸爸都曾在子女背后默默付出，但大多数的他们，都不曾有这个勇气走到世人面前，用"挑战不可能"的方式来昭示对女儿的爱。

　　这位爸爸的勇气和自信背后，是经年累月的积淀。

　　周立超，起初是广州一家攀岩俱乐部的总教练，默默无闻的从事着推广攀岩的工作，当他的学生潘愚非、陈卓莹、罗逸朗等一大批队员开始在国内和国际赛场崭露头角甚至频频夺金的时候，大家才开始注意到这名貌不惊人的教练十几年如一日的坚持是多么难能可贵！

　　周立超还是攀岩国家级裁判员、国家一级定线员、国家职业资格攀岩培训师和考评员，多次担任世界杯、世锦赛、世青赛、国际邀请赛等重要比赛的裁判工作。周立超光辉的履历代表着周立超许许多多的身份，但对于他而言他最骄傲的身份是——做一名父亲。

攀岩不但让周立超找到了毕生追求的事业，也让他组成了幸福的家庭。因为经常到阳朔练习攀岩，他和当地的漂亮女孩倪芳平相恋，最终走到了一起。而最初对攀岩一窍不通的倪芳平在丈夫的鼓励下，也逐渐爱上了攀岩。

2010 年第 16 届亚运会在广州举办，面对亚组委的召唤，周立超毅然加入，成为家门口举办的亚运会藤球团队的一员！同年出生的女儿周瑾和的名字，就是取自于广州亚运会口号"和谐亚洲"以及吉祥物"和和"，在周立超眼中，有了自己的女儿生命才是完整的。

倪芳平经常笑言，女儿周瑾和在娘胎里就开始学攀岩了，因为自己在怀孕的初期，因为不知道怀孕还在照样攀岩。在父母的影响下，小瑾和一出生就与攀岩结下了不解之缘。借助科学的训练方法，周立超尽可能地为女儿提供他能提供的一切。

"我希望和和通过攀岩，能够懂得吃苦，懂得攀登，即使是爸爸妈妈，也只能指明一条路，但往哪走、怎么走，都需要自己去完成。"

周立超十分爱和和，也正因为爱，他把自己爱的事业几乎倾其所有给了和和，给了孩子他能给她的一切。

周瑾和今年才 5 岁，但她已经是个攀岩"老选手"了。

一岁半开始，父亲周立超就有意培养她的攀岩兴趣。在他看来，攀岩不仅能够锻炼体魄、帮助女儿健康成长，还能培养她面对困难不放弃的坚韧精神。

尽管在外人看来，让两岁的孩子爬那么高多少有些"触目惊心"，但是作为专业攀岩从业者的周立超却认为，在严密的安全措施下，女儿玩攀岩根本没有任何危险。

"攀岩看上去惊险，但实际上人造岩壁很安全，只要做好安全措施，攀岩一点也不可怕。"就如周立超介绍的，攀岩是很安全的体育锻炼方式，因为每一个攀岩者的身后都有一个确保员，确保员手上的绳索是穿过"8"字扣与攀岩者相连，这一套装置虽简便但很稳妥，保障着攀爬全过程的安全。确保员会在攀登者上升时不断给绳，而在攀登者失手时拉紧绳索制止坠落，保证攀岩者的人身安全。因此任何一个人，只要能遵守安全规定并且使用合格的器材，基本上攀岩是没什么危险的。

▲ 撒贝宁检查攀岩墙

▲ 我的女儿就是这么厉害

▲ 终于挑战成功

除了保证安全之外，培养勇气，也是攀岩训练前必须要先做到的。

最初教周瑾和攀岩时，周立超使用的是家里高两米的练习岩板。小姑娘不到两岁时，已经将这块练习岩板玩得得心应手了。于是，周立超决定教她尝试专业的人工岩壁。

初次面对着广州22米高的国内"第一高"人工岩壁时，小瑾和当然还是会感到害怕。为了激励女儿，周立超想了不少方法。最后，周立超把女儿最喜欢的小兔子毛绒玩具挂在五六米高的岩壁上，吸引女儿向上爬。

这招果然有效，经过一个月的训练，小瑾和就可以轻松地抓到自己的小兔子了。迈过了这第一个坎之后，周立超就把小兔子的高度逐步提高，而女儿也显得越来越有信心，不但早已完成初级岩道的登顶壮举，现在中等难度的带坡岩壁在她面前也是小菜一碟。

随着周瑾和的攀爬成绩越来越好，她所受到的关注也越来越多。不仅如此，小瑾和还成了攀岩场的"活招牌"。有些七八岁的孩子第一次到攀岩场时还有点胆怯，但是看到两三岁的小妹妹都可以轻松地爬上几十米高，很快也就打消了顾虑，放心地投入到训练中。

随着几年的攀岩训练，周瑾和不仅获得了强健的体魄，更拥有了向上攀登的信心。现在的周瑾和，面对攀岩馆中难度最高的、高达20多米的S形攀岩墙，也可以轻松攀上。

对于小瑾和而言，攀岩意味着的不是危险和困难，而是传播爱、生长爱、和最爱的人一起做最爱的事。

2015年，5岁的周瑾和勇敢地踏上了《挑战不可能》的舞台，并且顺利地挑战成功。看着女儿的努力与坚强，周立超觉得，自己教女儿攀岩的目的已经达到了。

"我希望，她长大以后能够知道，她的爸爸为她做过什么。"在舞台上，周立超动情地说道。

一场令观者震撼的"飞镖攀岩"，背后是一个父亲的心血和期盼。他可能敏于行动、讷于言辞，但当他注视着女儿的时候，目光依旧深沉如海。

在这次"不可能"的挑战中，小瑾和中途有那么几个瞬间犹豫了，在场的主持人、评委、观众都担忧地捂住了嘴，屏住了呼吸。而周立超只是与她对望，语气平和地为她鼓气："很棒！""漂亮！""加油！"

就像我们在遇到挫折的时候，回去寻求爸爸的帮助，爸爸也只是会淡淡地说一句这有什么，然后为我们指明一条前进的道路。我们看不到他们背后投掷飞镖的身影，看不到他们攥得指节发白的拳头。当我们看见爸爸的时候，爸爸总是那个坚定的样子，沉如山岳，不泛澜波。

爸爸亲手为小瑾和铺下了前进的道路，再没有比他更了解这条路的人，也再没有比他更深情的向导。

去吧，我的女儿，爸爸在你身后。

只要我在，没有意外。有一天为人父母，才算懂得了父母。

可是当我们真的懂得他们，已经不会再像小时候那样喊出爸爸加油了，我们不能再坐进他们的怀抱里，甚至再回头抱一抱他们的机会，都所剩无几。

人生就像是这样一棵树，我们一生都在往上爬，快要爬到顶上的时候才发现，爸爸一直站在树下，支撑起我们的每一步。向下伸出手去，却不能把他拉上来。

我们爬上去了，爸爸也老了。

董卿：很喜欢这样的一个表演形式，或者说我很喜欢这样的一种父女关系，通过攀岩，要懂得能够吃苦，要懂得去攀登。即便是爸爸妈妈，也只能是给你指一条路，可是最终还是要靠你自己。

　　刘军、冯悦均为职业杂技演员，夫妻二人从事杂技表演二十余年。以"人梯平衡登高"项目参与中央电视台《挑战不可能》第一季节目。完成"人梯平衡登高"这个双人杂技项目，需要的是绝对的默契和信任。刘军和冯悦这对夫妻在挑战过程中经历了一次又一次的失败，但是他们没有放弃挑战的信念。我们看到的不仅是他们的毅力，更能看到丈夫对家庭的责任，以及父母和孩子之间深厚的情感。

人
梯
平
衡
登
高

　　2015 年 8 月，《挑战不可能》第一季迎来了一对从事杂技表演的夫妻，他们挑战
的项目是"人梯平衡登高"。

　　"接下来我们要见识的挑战项目，两个挑战者之间绝对要配合得天衣无缝。"主
持人撒贝宁在挑战选手上场前这样评价。"天衣无缝"一词耐人寻味，勾起了评委和
观众的好奇。

　　"而这次的挑战者是一对夫妻。"夫妻同台挑战在这个舞台上并不多见，不过要
配合得"天衣无缝"，恐怕只有多年相濡以沫的夫妻才能有如此默契。

　　在一片掌声中，身着一袭白衣、气质脱俗的妻子与身材壮硕、满面笑容的丈夫手
挽着手，缓缓走上舞台。

　　"大家好，我叫刘军，今年三十六岁。"

　　"大家好，我叫冯悦，今年三十一岁。"

　　简短的自我介绍之后，主持人撒贝宁宣布，"夫妻俩挑战项目的名字叫人梯平衡
登高。""人梯平衡登高"，简短却准确地概括了他们的挑战项目。

　　挑战规则是在丈夫上台阶的同时，妻子平衡在他的肩膀上，同时要把用四个塑料
杯子垫起来的花和平衡板顶在头上，保持平衡。所以丈夫既要保持自己的平衡，还要

保持妻子以及花同时的平衡，并且还要利用梯子上楼梯。主持人撒贝宁一口气将规则介绍完，有些拗口，评委和观众也听得一知半解。

"就这么简单！"主持人缓了一下总结道。

简单？说起来都如此复杂，更何况付诸实践！刘军和冯悦在一旁面带微笑地听着，似乎早已成竹在胸。

场上道具已经准备齐全，花束、四个杯子、平衡板、梯子和一个六级的台阶。评委董卿问道："这个是你们的一个极限吗？"刘军答："我们从练习到现在演出一直是五蹬，五级台阶。来到挑战不可能就是想挑战一下自己，为自己加了一蹬。"对于这个项目，每加一级台阶就是翻倍的难度和风险，这份勇气赢得了在场所有人的掌声。

挑战开始，出征的号角响起，聚光灯下，夫妻转身面对彼此，二人之间互相鼓励的眼神，紧紧相握的双手，感动了现场所有人，此刻，一切尽在不言中。

主持人撒贝宁宣布："挑战开始！"

妻子冯悦拿着摆好的花束和杯子，而支撑起这一套部件的是一根圆柱，圆柱末端的截面是整个装置和冯悦身体唯一的接触点，她要让它们"站"在自己的鼻梁上。这个做法有非常大的风险，一旦出现倾斜就非常可能伤到眼睛。单从这点上足见挑战难度之大！

丈夫刘军环顾了一圈演播厅的灯光，眼神中流露出一丝不易察觉的担忧。

刘军单膝跪地，冯悦将花瓶顶在鼻梁上，然后踩着丈夫的右手，扶着他的左手，登到他的肩膀上，微微屈膝，张开双臂，仰着脖子，尽力保持着自身和花瓶的平衡。

刘军站起身来，接过梯子，左右摇晃了几下以后，便听到站在自己肩膀上妻子的口令，"好！"

此时，出现了足以令全场惊叹的画面，刘军顶着妻子一步一步地爬到梯子上，并站在了最高一级上。梯子没有任何依靠，只有两点着地，只能通过不停的有技巧的晃动才能维持直立不倒。这样的晃动对于妻子而言充满危险，保持自身身体的平衡已经很不容易，还要顾及鼻梁上花瓶的平衡。对于丈夫而言，他肩负着妻子的安全和整体的平衡，他全身肌肉都要用力，都在动，每一根神经都在紧绷着。

可难度何止如此？保持平衡已实属不易，梯子上的夫妻人梯，还要蹬上六级台阶！

两次挑战失败

刘军站在梯子上左右晃动，不断调试寻找平衡，肩膀上的妻子也用心体会着其中的节奏。一切准备就绪，他们要开始上台阶了。

冯悦说："好！"

只听见刘军脚下的梯子有节奏地杵着地面，"噔噔噔噔"，一眨眼功夫，声音短暂停歇，刘军全身发力，依靠双腿、腰部、胳膊和肩膀的力量，伴随着自己"好"的呼声，他带着梯子跳上了第一级台阶。

所有人的心都提到了嗓子眼，甚至有人用手捂住了眼睛，生怕看到意外的发生。

刘军脚下的梯子又开始了快速的左右晃动，但是台阶上面积有限，梯子着地点的位置要格外注意，既不能踩空，也不能碰到下一级台阶。

舞台上，又传来一声温柔的"好"，紧接着是一声粗犷的"好"，他们登上了第二级台阶。从远处观望，花束"站"在冯悦的鼻梁上，冯悦站在刘军的肩膀上，刘军站在四五级的梯子上，梯子站在两级台阶之上，组成了一个不断晃动的接近两层楼高的人梯组合，让人看着都感到害怕，不禁替他们二人捏一把汗！

当持续的"噔噔噔"的声音再次片刻停顿，他们成功登上了第三级台阶。

▲ 冯悦和刘军在《挑战不可能》录制现场

整个演播厅一片寂静，只有主持人用手指记录着台阶的数目。已经成功一半了，全场屏息凝神，生怕呼吸太重惊扰了二人此刻的平衡。

只听"噔"的一声，他们登上了第四级台阶，然而意外却发生了！

梯子在第四级台阶上猛地向前移动了两下，抵在了第五级台阶的边缘上，并继续向前倾斜。刘军立刻将身体重心后移，并告诉妻子"等等"，继续向后压低自身重心，希望能够再次恢复平衡。

一瞬间，整个"人梯组合"失去平衡，冯悦鼻梁上的花束和杯子四散掉下，她也从丈夫的肩膀上滑落，那是距离地面超过三米的高度，倘若没有安全装置的保护，后果将不堪设想。刘军却是连带着梯子重重地摔在了地上，巨大的冲击力，使他在地面上滑出一大段距离。

意外来得太过突然，所有人的心都被揪了起来。主持人撒贝宁立刻跑到舞台上查看刘军的状况。

"跌下来得时候，两个年纪都不小了，一个三十六岁，一个三十一岁，我很担心他们会受伤。"评委李昌钰无限担忧地说。

刘军、冯悦的一对双胞胎女儿，站在舞台一侧观看父母进行挑战。当意外发生时，两个小姑娘焦灼万分，不知所措地绞着两只小手。

刘军缓缓地站了起来，摇摇头，表示没有受伤。所有人都松了一口气！

"我们对这个场地不太熟悉，对灯光不太熟悉，因为各方面还不太适应，造成失误。"刘军一边帮妻子收拾场地，一边反思着刚刚的意外。

"他们的表演跟我以前看过的都不太一样，以前的难度是递进的，好像刚开始还会比较平静，大部分的杂技到后来会越来越惊心动魄，可是他们一开始就好像进入到一个艰难的过程。"评委董卿说。

主持人撒贝宁补充道："从一开始站上去的时候，全身的肌肉就已经达到了满负荷的状态。"

"对他们来讲，每增加一阶它的难度都是翻倍的。这个可能真的是夫妻才能做成这件事，那是要多大的默契，相互的信任和支撑。"评委董卿感慨。

▲ 刘军、冯悦的第二次挑战

"他掉下来的时候，他没有先想到自己，他先看着太太。"细心的评委李昌钰观察到了这个感人的细节。

虽然由于各方面的不适应导致了意外的发生，刘军和冯悦夫妻的第一次挑战以失败告终，但是夫妻所表现出来的彼此之间的默契、信任和支撑仍然深深震撼了现场每一个人。

他们还有两次挑战机会，他们能否把握住这两次机会获得成功呢？第二次挑战开始！

舞台上再次响起"噔噔噔噔"的声音，第一级台阶顺利，第二级台阶顺利，第三级台阶顺利。这一段路程走得似乎比第一次要顺利些，也许成功近在眼前了。

刚刚登上第四级，意外再次发生！刘军带着梯子径直向前扑去，从第六级台阶摔了下去。

评委周华健和董卿都发出惋惜的呼声，舞台一侧的两姐妹也瞬间收紧瞳孔，惊慌失措。

第二次挑战失败！现场氛围冷却下来。

背水一战

　　"他失败两次，先生跌下来的时候，我觉得他的体力已经没有第一次的时候那样了。" 评委李昌钰说。两次失败，丈夫刘军的体力已经消耗过半。

　　"一次次地努力，就好像永远差那么一丁点儿，成不了。我心里想他今天不会成功了。" 评委董卿直言。

　　此刻，刘军和冯悦所面临不仅仅是体力上的消耗，还有巨大的精神压力，内心的沮丧与不甘无法抑制地流露出来。

　　两次挑战，均出现意外，距离第六级台阶还有两阶。这个项目难度太大，几乎就是一项不可能完成的挑战！也许该放弃了，以这样的方式登上四级台阶已经是常人难以想象的困难，某种程度上来说，夫妻二人已经成功了。

　　但是刘军和冯悦却从未想过要放弃，尽管面临体能消耗殆尽和巨大的心理压力，但在现场所有人的高声鼓励之下，夫妻二人也握拳为自己加油，开始准备最后一次挑战。

　　"我们都有一个信念，既然来到了挑战不可能，就想超越自我，只要是有点点劲，就要坚持到最后，不能放弃！" 冯悦说。他们早就做好了拼尽全

▲ 第二次挑战失败

力的准备！

"最后一次机会了，如果说我不成功的话，我这一辈子也许就有可能没有机会上这么大的舞台了。"刘军说，足见这次机会对他们而言弥足珍贵。

又一次扶着妻子踩在自己的肩膀上，再一次登上梯子，在摇晃中保持平衡。他们的动作显得更加连贯而娴熟，这让所有人都再次对他们充满信心和期待。台侧的两姐妹也拉着彼此的小手，默默地为爸爸妈妈加油鼓劲。

这一次，夫妻俩更加谨慎，慢慢向上攀登。第一级台阶，第二级台阶，第三级台阶，全都成功了。接下来就是两次摔倒的地方了，一定要稳住！

刘军全身的肌肉都在颤抖，继续攀登下去，依靠的已经不仅仅是体力，更多的是在舞台上大放异彩的欲望，是坚持下去永不言败的信念和毅力！

成功登上第五级台阶，这是他们平时训练和演出的最高高度，第六级台阶就是他们的一个极限！

观众再一次瞪大双眼，绷紧心弦，刘军也似乎在第五级台阶调整了更长的时间。

"好！"刘军用粗犷的嗓音喊出来。夫妻俩成功登上第六级台阶！全场响起雷鸣般的掌声和欢呼声！刘军、冯悦，挑战成功！

"天道酬勤，或者说功夫不负有心人，一次又一次，一次又一次，摘到苹果就是你最后一次跳起的时候，他们今天就是这样。"评委董卿感慨于夫妻二人永不言弃的精神。

"真正使我感动的是两个人的合作和他们为梦想而继续努力挑战。"评委李昌钰感叹道。

走下台阶，冯悦热泪盈眶，刘军汗流浃背，两人深情相拥，祝贺挑战成功！

心有灵犀一点通，这对夫妻凭借天衣无缝的默契配合，永不言弃的坚韧精神，突破了年龄体能的极限，三位评委一致同意，一家四口进入荣誉殿堂。

▲ 胜利之后的刘军、冯悦激动地相拥

直面生活

夫妻二人相识于杂技团，那一年，刘军十五岁，冯悦十岁，这是一段青梅竹马的爱情故事。十年夫妻，相濡以沫，他们是杂技表演中的搭档，是家庭生活中的伴侣，是羡煞旁人的连理。

"人梯平衡登高"节目是他们生活和工作的交轨，这是他们相伴彼此的工作，也是维持生计的重要经济来源。平常的训练，可想而知的无数次失败，身体受伤最多的是冯悦，因为她站在高处，承受着更多的危险；心里愧疚最多的是刘军，因为他是丈夫，他没有保护好她。

由于从事杂技表演需要经常外出，离开家的日子总比在家里的日子要多得多。因为聚少离多，夫妻二人很少能够陪伴在孩子身边，两个小姐妹最大的心愿就是爸爸妈妈能够多陪陪自己。

冯悦带着孩子们去超市，两个女儿总是看她的钱包，还询问有多少钱。孩子说："因为钱一花完的时候，你就又要走了，我看你是不是又快走了。"童言无忌，可就是孩子无心的话，让冯悦心里倍感难受。面对生活，我们总免不了有太多的无奈，总会有所选择，有所放弃。每当提起这些，刘军和冯悦就感到万分愧疚。

▲ 两个女儿一同走到舞台

尽管为了挣钱，他们不得不时常和两个女儿分离，但是一家四口仍然是幸福的，因为他们始终彼此理解，彼此信任。

杂技表演需要较好的身体技巧和体能，同时还伴随很大的风险。已经年过三十的刘军和冯悦也曾考虑过转行，但是为了给孩子们提供较好的生活，他们还要再坚持几年。

挑战结束之后，两个孩子走到舞台上和爸爸、妈妈紧紧拥抱在一起。

"爸爸、妈妈，辛苦了！我会好好学习，好好练琴，不让你们这么辛苦了！"小女儿在舞台上向爸爸妈妈承诺道。

大女儿却在舞台上拉着爸爸的手哭了起来。"妈妈掉下来了。"这是她哭的原因。不仅仅是父母为家操劳，父母与孩子心心相印，孩子又何尝不担心、不牵挂父母？孩子的一句话，让所有人都哽咽了。

"他们在为孩子坚持，孩子在为父母担心，这样一种相互的家庭当中的一种情感，是他们坚持下来的一个动力。"评委董卿如是说。

看着哭泣的女儿和热泪盈眶的妻子，丈夫刘军说："在这里我要向老婆孩子保证，在演出时，我驮着我的老婆站在我的肩上，我能保证她的安全；在家庭生活当中，我要用我的双肩支撑起这个家庭，来为你们创造更好的生活。"这位英勇的丈夫，用这顶天立地的言语，告诉我们爱是一种责任，他会努力成为这个小家庭的大英雄。

一家四口，互相爱着彼此，为了彼此的幸福，倾尽自己所能。这就是家，无论生活有多大风雨，它都是每个人心底最柔软的部分，是最温馨的港湾。

一项杂技挑战，让我们看到平凡家庭的无限温暖和幸福。正如评委李昌钰所说，"让我最感动的是你们对生活的挑战！"

董卿：他们在为孩子坚持，孩子在为父母担心，这样的一种相互的家庭当中的一种情感，是他们坚持下来的动力。

勇气之塔——叠人塔

第十二章

扫一扫，看叠人塔精彩挑战全程

原本寂冷的夜晚被一群人点燃，原本空旷的场地被歌声填满。来自西班牙的 193 名农民与 450 位中国普通工人因为同一个目标相聚在浙江德清，不同肤色，不同年龄和性别，他们将向"叠人塔"最多层数的人类极限发起挑战。

这是这项运动的第一次跨国合作，是西班牙以外地区对九层人塔的第一次尝试，它是文明的碰撞擦出的火花，它是人们的信念点亮的梦想，它是平凡的人创造的不平凡壮举。

在《挑战不可能》第一季的舞台上，"叠人塔"项目是唯一的大型群体项目，要由 643 名普通人来共同完成。这项看似不可能完成的任务汇聚了两国挑战者的智慧与力量、信赖与憧憬，饱含着无数个日夜不断尝试的汗水与无数次失败后的百折不回。这是一项沉着、勇敢、冷静、理智缺一不可的挑战，而其中最重要的是人与人之间的合作与信任。

"底层"的人紧紧依偎，他们用肩膀搭建阶梯；"顶层"的人放胆攀升，他们用双手握紧成功的光辉。一个鼓励的眼神，一句温柔的低语，相互挽拉的膀臂，他们幻化成一座坚固的人塔，巍然矗立。

人塔能搭多高

　　"一撇一捺成就一个'人'字，而这样的一种支撑结构也让我们思索，究竟人和人之间的信赖和扶持能够将人的高度叠到一种什么样的程度呢？"演播室里，主持人撒贝宁的一个问题引发了嘉宾和全场观众的思考。这一天，他们要见证的是起源于西班牙加泰罗尼亚地区，距今已有两百多年历史的"叠人塔"挑战。

　　主持人寥寥几句使现场的观众对这一运动有了大致的了解，而仅仅透过这简略的介绍，大家也能感受到挑战者今晚面临的巨大压力。

　　"这是一曲赞美心灵的欢乐颂，给予我们希望，给予我们力量，我们创造传奇，我们大声呼喊，我们不屈不挠，我们是人塔的继承人……"

　　大屏幕画面切换至挑战现场——浙江德清。远远地，一位中国小女孩和一位西班牙小女孩手牵着手，伴随西班牙考亚·维亚人塔队队歌缓缓地走向挑战场地。这位中国小女孩叫露露，这次挑战中她将会在位于人塔的第八层。此时主持人撒贝宁向大家解释说："两三个月之前的一次挑战中，露露亲眼看着姐姐在登塔时不慎滑落，因此对于她而言，能够重新拾起信心发起冲击，已经是挑战不可能了。"如此大的压力压在这稚嫩的肩膀上，今晚，露露能否成功超越自己？她们的身后，一支庞大的挑战队

▲ 中国小女孩与西班牙小女孩手牵手

伍出现在观众们的视线里。他们统一穿着桃红色的上衣和白色的裤子，当中有白发苍苍的老年人，有血气方刚的小伙子，有风华正茂的少女，还有稚嫩天真的孩童，但是每个人都目光坚定、歌声嘹亮。此外歌手蔡国庆也站在队列中间，和大家一同唱起了中国桃花庄人塔队队歌。

"向上攀登，不断向上攀登，檀郎谢女续张狂。气轩昂，意飞扬。束巾挽袖，豪语寄刚强，揽辔凭辕为梦想。唯不负，桃花庄。担道义，铁肩当。向上攀越，我们不断向上攀登。"

这是历史上首次跨国合作的叠人塔，他们冲击的是高达 13 米的九层人塔，而这项挑战还从未在西班牙以外的地方成功过，其艰巨性毋庸置疑。然而，文化、习俗、年龄、语言都没能阻碍这一壮举，人与人之间的相互信赖和扶持，此刻正在书写。

外场主持人朱迅出现在大屏幕上，亲切地同在场观众和评委们打招呼，随后，蔡国庆也说明了自己将会成为本次人塔队底座中的一员，共同参加叠人塔的挑战。西班牙团队的负责人马讷尔也在现场和观众们进行了互动，他用流利的中文说："你好，我们来了！"马讷尔表示：这是首次和中国人塔队伍合作，但目前为止一切都非常顺利。中国队伍非常了解人塔的文化精髓，一切都非常完美。

准备工作已经就绪，医护人员也已在场边守候，以便能及时提供帮助。

激动人心的挑战时刻即将来临，现场与北京演播厅的所有观众、评委都安静下来，大家屏住呼吸，静静地等待着奇迹的到来。

强壮有力的小伙子们聚集在人群的中心，紧紧地靠在一起，尽可能填补空隙。其他挑战者一层贴一层地排列起来，其中有女性也有老人。挑战队伍的底层越缩越小，越来越密集，所有人都在将全部力量推向中间的核心，人群簇拥形成了层层包裹的圆形人塔底座，只有这样才能建立一个非常坚实的基础。挑战者们调整着自己的气息，尽量保持呼吸平稳，一来节省体力，二来也可以保障人塔底座的稳定性。

很快，最中间的一个人伸手示意，几位挑战者敏捷迅速地踩着底层人的肩膀搭建好第二层的阶梯以及它的加固系统。这一层通常是由十分强壮的成年男子组成，只有壮汉们才能保障支撑起上面七层的重量。他们每个人都将袖子卷起相互挽住对方，共同组成坚实的三角形来确保人塔的稳定。一二层的搭建就动用了大约 100 人。

时间不容许有任何迟疑，随即，第三层的人塔开始构建，所有的人都在拼命地坚持着。由于处在十分缺氧的状态，塔底的人员大都面部通红。从他们快速眨动的眼睛可以感受到他们的小心谨慎与些许的紧张，但是大家没有丝毫动摇，始终咬紧牙关。

第三层仅有三个人，他们将在没有任何加固人员的情况下直接承受来自上面六层的全部重量！

挑战者们加快了人塔的构建速度，转眼间，第四层的人员也已经陆续到位。就在这时，音乐声响起，九名乐队成员以这样的方式为人塔队伍加油，演播厅里观众们不禁为挑战者鼓掌加油。当外景主持人朱迅在屏幕中告诉大家，现在已经属于冲顶阶段时，所有现场观众们的内心都沸腾了起来。人们开始小声地轻呼，紧张与激动拨动着人们的心弦。

少男少女将成为支持顶层的基础，他们率先组建起人塔的第六层和第七层。与此同时，孩子们也开始从底层出发。这些稚嫩的面庞上没有惧怕，他们快速地向上爬去。在这一刻，所有人都在感叹这个过程的惊心动魄，所有人的心中都在默念着坚持下去。现在，胜利的曙光似乎已经向他们招手。巨大的荷载使挑战者们的手臂青筋暴起，额头上沁出了汗珠，然而他们依旧紧紧地攥住对方的袖管，竭力保持人塔的稳定，他们咬紧衣领以保障孩子们在攀爬的过程中不致打滑。人塔有些晃动，但是孩子们还在继续，没有一个人松手，底下的人们也没有一刻松懈，这是融于他们血液中的挑战精神。

在这一刻，所有观者都为此而震撼，来自于两个国家，原本素不相识的人们，能够为了同一个目标如此密切地配合，彼此信赖去构建人塔，这本身就已经完成了一项不可能的挑战。在他们的眼中，我们看不到惧怕，看不到怀疑，看不到退缩，我们能看到的只是虔诚与坚定、信任与鼓励。也许对于每一个人而言，生命的真正意义中，其中一部分便是来自他人的认可。整个人塔这时仿佛一簇盛开的桃花，红白相间的色调饱含暖意，展现着生命的舒展，力量的勃发。

然而，就在大家都认为挑战进行得非常顺利的时候，意外的事情发生了。

第八层的一个小女孩突然做出了下降的手势，另外两个女孩心领神会，迅速撤下

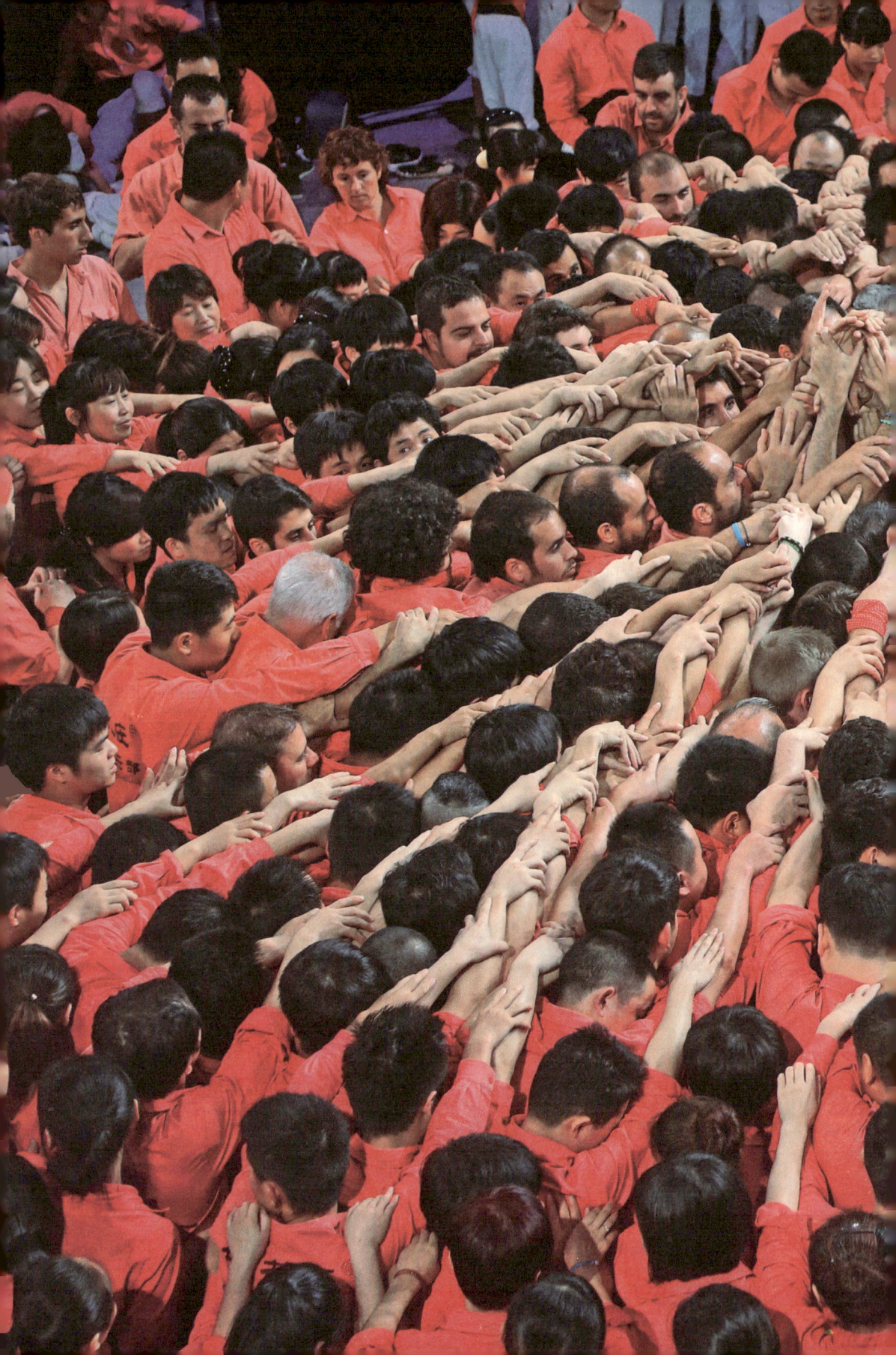

人塔。一瞬间，所有的人都紧张起来，究竟发生了什么？从现场传来的影像中可以看到，人塔摇动得很厉害，但是人们依旧在坚持，每个人都必须保障孩子能够率先安全地撤下来。镜头中露露的状态似乎有些反常，这让人们更加担心。

不知道是什么原因造成了人塔刚才的剧烈摇晃，领队马讷尔在与其他挑战者们沟通，共同商议解决方案。现场的状况有些突然，当外围的队员接下露露时，她已满脸泪痕。小女孩的嘴瘪成了一条缝，眼眸中流露出一些胆怯，她的鼻头红红的，睫毛也已经被泪水沾湿。小小的身体伏在一位成年挑战者的肩头小声地啜泣着，微微有些颤抖。"真的是一个需要胆量的极限考验。"董卿说道，"她的这种反应是非常正常的。露露还是一个孩子，她的心理承受能力是有一定限度的，刚才的状况可能吓坏她了……"

在心理压力和体能的双重较量中，这支队伍并没有认输，当然他们也绝对不会以损害队员，尤其是以给幼小的露露造成心理阴影为代价来获取成功。因此在经过沟通之后，朱迅向大家说明，露露今天不会再尝试登顶了。

失败所导致的不安情绪蔓延开来，挑战者们似乎都很紧张，指挥在找寻着失败产生的原因，而队员们此时的体力已经被极度消耗。先前的问题能否得到解决，体能问题是否会对接下来的挑战造成影响呢？所有人的心中都画上了一个问号。

虽然刚刚的意外状况已经对露露的心理造成了一定的影响，但是运动本身的目的是愉悦身心，是在每一次不断的挑战和超越中找寻本源，因此露露将留在现场，看着她的伙伴们向九层人塔重新发起挑战。

人塔运动是凝聚力的极致体现，当人塔队伍再一次紧密地集结在一起，重新发起挑战时，观者只能在心底由衷地为他们祝福，亦为他们揪心。

新的人塔构建排列得更为整齐，这样能够帮助顶层的人将力量更加均匀地分散到底层。很快，核心部位的人举起双手，示意挑战可以开始。现场的观众都目不转睛地盯紧大屏幕，这一次，比上一次更加期待成功。

第二次挑战，搭建速度似乎更快一些。第二层、第三层的底座很快就构建完成，面对这样惊心的场面，主持人撒贝宁甚至背过身去不敢直视。也许那一刻，很多人都和他一样心存迟疑与不忍，不忍再次见到他们失败的场景。

时间在一分一秒地流逝，昂扬的音乐声再次响起，人塔逐渐升高，这一次似乎依旧有些摇晃。当搭建到第七层时，人塔摇晃得非常剧烈。但是，每个人依然都在坚持。年轻的西班牙姑娘在说着什么，可能是鼓励的话语，是安慰的声音。幸运的是，非常顺利，第八层的女孩已经登上。

第九层！第九层！最后一个小女孩正在向胜利前进，她瘦小的身影承载着全场所有观众的目光，更牵动了每一个人的心。人塔此刻摇晃得更加剧烈，每个人都咬紧牙关，拼命地坚持着。小女孩爬过第八层，她小心地调整着，终于，那个瞬间，她成功地、稳稳地抬起了右臂！是的，他们成功了，他们成功了！一朵艳丽的桃花此刻璀璨绽放在浙江德清。

所有的评委、观众都欢呼雀跃，队员们顺利地撤下后，相互拥抱着、庆祝着，许多人因为这难忘的经历流下了欣喜的泪水。演播厅里，观众们也因为感动而湿润了眼眶。

最终，在所有人的注目下，三位评审一致通过，人塔队伍成功获得进入荣誉殿堂的权利！主持人撒贝宁代表他们在演播厅完成了仪式。

在感动和震撼的同时，所有的评委和观众，都不禁为他们彼此之间的信赖和坚持的精神所折服。

生命个体的力量汇聚在一起可以产生惊人的效果，来自两个国家的人们结下了深厚的友谊。他们并肩作战，最终创造了跨国人塔的新高度，这是挑战不可能的过程，也是彰显人类智慧与力量的过程。

坚持与照顾，守护『人』的温度

2009 年，钱安华在西班牙加泰罗尼亚考察时，被西班牙人塔表演深深吸引。回国后，他召集员工尝试此项活动，反响很好。2010 年初桃花庄人塔俱乐部成立，这也是中国首支人塔队伍。

九层人塔是目前人塔运动的极限。作为西班牙传统项目，西班牙人有着不容置疑的实力。而此次参与挑战的中方队伍，成员全部是来自浙江省德清生产一线的产业工人。经过几年的发展，这支队伍不断壮大，现已有正式成员 500 多人，是中国乃至亚洲水平最高的从事叠人塔运动的队伍。

桃花庄人塔俱乐部曾经两次受邀参加上海世博会表演活动，还曾经接到西班牙当地政府的邀请函，前往西班牙加泰罗尼亚地区的巴塞罗那、塔拉戈那、巴尔斯等城市访问，为创建两国的友谊和文化交流贡献自己的一份力量。

如今，人塔运动在国内越来越受到关注。虽然它在中国的很多地区还没有被普及，却并不妨碍许多热爱这项运动的人们对它的推崇。截止到目前为止，人塔俱乐部就已经在上海、杭州、绍兴、湖州、菏泽等地进行了别开生面的表演，现场观众们的支持、认可度都非常高。这项源于西班牙的运动，正逐渐被越来越多的中国人所接纳。

而在这种震撼背后，是六年的坚持。

▲ 桃花庄人塔俱乐部创始人钱安华

这项"不可能"的挑战，有许许多多我们常人难以想象的困难：底层人互相挤在一起，处在极度缺氧的状态；中层的人既要支持上面人的重量，又要竭尽全力地维持平衡；越向上，成员年龄越小，最上面的孩子仅有几岁大，他们要以最快的速度爬上去，还要小心翼翼地防止破坏稳定。

叠人塔是一个危险的项目，一个不慎，就可能会摔伤磕破，哪怕再小心翼翼地训练，也免不了疲乏和酸痛。然而桃花庄人塔俱乐部的成员们没有放弃过，反而因为这项运动而越抱越紧，从最开始的一个俱乐部，慢慢变成了一个家。

每个人都在咬牙坚持着，当他们的臂膀连在一起，就横生了一份勇气。

搭建人塔的过程，极度考验人的心态和身体素质，良好的平衡是对"底层"支撑人员的基本要求，而这一部分也是人塔搭建成功的关键。对于"中层"和"上层"的

▲ 露露与朱迅

人而言，难度就更大，他们不仅要保持自身的稳定，还要为最上层的孩子们搭建一个安全的阶梯，可谓是踏错一步，全盘皆输。日积月累的不断演练让他们形成了一系列的搭建体系，在每一次的失败中，吸取教训，制定出通过精密细致安排的搭建节奏。

而在人塔搭建成功之后，人塔下撤过程就更为惊险，要保持重心的平稳，紧紧依托在下部支撑的人员身侧，还要保障整个人塔的结构不会零散，要有秩序地来进行拆解，每一个人必须坚持着让孩子们先从顶端安全地撤出。

在人塔搭建的过程中，有这样一个很小的细节。队员堆叠站立时都紧咬着自己的衣领，为的是孩子上爬时不打滑。正是这样的关心和细致，让挑战得以更顺利地完成。

正如在《挑战不可能》现场所呈现出的一幕，当第一次挑战失败时，可爱的小女孩露露明显受到了很大的惊吓。但当看到队员挑战成功后，主持人问她还敢不敢再来挑战一次，她坚定而简短地说了一声"敢！"

稚嫩的脸庞，却那么勇敢和自信。

这勇敢是小小身躯迸发的能量，更是成员们的小心爱护托起的坚强。

也正是因为桃花庄人塔俱乐部多年如一日的坚持和队员相互间细致入微的照顾，让他们在央视《挑战不可能》栏目的舞台上，联手西班牙"塔友"成功挑战了难度最高的九层人塔。

643人组成的队伍，13米高的九层人塔。作为西班牙和中国的合作挑战项目，这支挑战队伍的成员包括了各个年龄阶段，而且其中大部分是农民和普通工人。文化、习俗、语言、年龄都可能对挑战成功造成严重的阻碍。但是成员间的相互支撑，相互扶持，让这不可能实现的挑战成为可能。他们的不懈坚持和彼此帮助，让一个难以完成的项目得以实现，让人与人之间炽热而真诚的温度成为守护，形成一个有温度的"人"之塔。

社会需要关爱，困难需要帮助。也许只是一根小小的浮木，就可救活一个溺水的人；也许只是薄薄的一条毯子，就可以温暖一个冻僵的人；也许只是一句话，一只温暖的手，就可以唤回失望者的希望。那么为什么我们不去做呢？一人是人，二人为从，三人成众，漫漫历史长河，是爱与帮助让人类的生命得以延续，并且让我们得以感知彼此胸腔中那颗心脏炽热的温度。

合作与信任，支撑「人」的高度

　　一撇一捺是为"人"，短短的两笔，相互扶持，又相互支撑。而这种相互支撑的精神，在"人塔"运动中展现得尤为淋漓尽致。这项运动在第一季《挑战不可能》的舞台上，向我们展现了信赖所能创造的奇迹。

　　这是一次对"不可能"的挑战。9层，13米高，643人，这样规模的人塔，在此之前，在西班牙以外的任何一个地方，从来都没有成功过。但这次他们终究还是成功了，在经历过挫折之后，这支由普通的中国工人与西班牙农民组成的跨国团队凭借着对彼此的深刻信赖与全力合作，在这个充满着种种不可能的舞台上取得了成功。

　　人塔的搭建过程，对每一个团队成员来说，都是一次体力与心理的双重考验。而观看这一过程，对观众们而言，更是一场视觉的震撼，心灵的洗礼。

　　第一层的选手们所要承担的重量是最大的，往上的每一层人塔，都需要依赖他们这坚实的基础。位于最底层的他们，尤其是位于最中心部分的选手，几乎在人塔搭建的整段时间内都处在一种相对缺氧的状态，可他们相握着的手仍旧那样充满力量，他们的身体仍旧那样紧密地贴合在一起，他们的眼神仍旧那样坚毅。因为他们坚信，上层的队友们终将登顶；因为他们始终相信自己，以及他们之中的任何一个人都会坚持到底。

而上层的选手们也同样抱定了一种信念：那就是底下的队友绝不会将他们抛弃，而他们自己也绝不会轻易放弃。每一次攀爬造成的摇晃，他们都镇定自若地调整、维持平衡，然后继续前进。每一个个体的坚守，凝聚在一起，就拧成了一股所向披靡的强硬毅力，发挥着难以想象的魔力，支撑着他们固守住自己的阵地。

人塔就像是一个大家庭，底下有白发苍苍却老当益壮的长者，中间有肌肉虬结的青壮，上层则是涉世未深的少年人，以及懵懂但勇敢的儿童。大人们在攀爬之前都会用牙齿将自己的衣领咬紧，这是为了竖起衣领，使孩子们在往上爬的过程中不容易打滑。这项运动使得队友间的情谊超越了血缘的藩篱，心与心的距离无比靠近。因此，即使是再剧烈的晃动，底下的人们也绝对不会松手，必定要尽自己最大的力量，给上面的孩子们最好的保护。哪怕自身所遭受的压力已经临近极限，还是会不断地鼓励孩子们，要往上爬，直到最顶端。

这项发源于西班牙的伟大运动，背后所展现的正是西班牙人民祖祖辈辈血液当中流淌着的精神。之所以创建这项运动，就是为了通过这样的方式，将这种信赖、合作、勇敢、拼搏的精神世世代代传承下去。

第一次挑战在冲击第七层时出现了问题，底下的选手们不可控制地晃动颤抖，豆大的汗珠从他们脸上滚滚流下，可在孩子们全部安全撤下之前，没人有过丝毫的松懈。孩子们幼小的心灵不可避免地受到了冲击，失落与颓丧的情绪在团队中迅速蔓延，人体体力上无法超越的极限决定了他们只有一次再度尝试的机会。但 643 人中，依然没有一个选择放弃，他们又重新集结在一起，发起第二次挑战。

第二次挑战，到了冲击第七层时，整个人塔的晃动依然非常剧烈。但刚受过惊吓的孩子们还是坚持迅速地往上爬，争取尽快完成挑战，减少下方队友们的压力。前一次的失败仿佛完全被他们抛到了脑后，信赖——对自己、对他人，以及对整个团队的信赖，再度发挥了非凡的魔力，爬到顶层的小女孩稳稳地抬起了自己稚嫩的手臂。在他们强大信心的支撑之下，这项此前被认定为不可能的挑战，成为了可能！

看到他们取得成功的那一瞬间，所有观众都忍不住热泪盈眶。选手们依次从人塔上撤下后，也都难忍激动之情，用力地互相拥抱，甚至喜极而泣。

人和人之间的信任、尊重、支持、坚持，真的可以创造奇迹。

信赖是合作的基石，合作使信赖有了努力的方向。

来自西班牙的大叔，身材健壮，站在最底层的中央，肌肉贲张，他咬紧牙关，死死撑住臂膀，托起肩上所有人的信赖。来自中国的小姑娘，目光清澈，异常勇敢地一路抬头向上攀爬，即使在十几米高的顶层上，仍能毫不犹豫地抬起胜利的臂膀。这都是因为有 643 颗相守相助的心紧紧凝聚在一起。

或许观众们猜测过，在人塔搭建的过程中，团队中的每个成员都在想些什么，可后来想必大都作罢。因为除了对最终成功冲顶的坚定信心之外，他们的脑海中或许什么都没有想。那一双双被泪与汗所浸润的眼睛中放射出来的是坚毅、信赖。

多少人曾因一个信赖的眼神而痛哭失声，多少人曾因一句信赖的宽慰而重拾希望。一座人塔，在人们看不见的地方，用信赖编织一条纽带，将所有人都连在了一棵长青的巨树上。

在叠人塔运动中所呈现出来的那种毫无保留地将安危与荣耀全然托付给集体、托付给每一个他人的信赖精神，在现实生活中，已经近乎绝迹。这个世界实在太喧哗，五彩缤纷或轰轰烈烈的生活方式越来越被人们青睐，浮躁的繁华时常遮住人们原本要眺望远方的目光。不经意间，我们往往就丢掉了初心，丧失了相互信任的能力，逐渐地活成了一座座孤岛。

可是，我们又怎么会不热切地盼望这种精神的回归呢？守望相助、亲如一家，这是从鸿蒙初开之时就镌刻在我们血脉之中的深情。如果可以，谁不希望背后始终有双撑住自己身躯的有力臂膀？谁不希望每次回头，看见的是所有人鼓励的目光？

人塔成功的背后自然也是无限艰辛，可他们的汗与泪，却能向世界宣告：合作与信赖，能支撑起"人"的高度，是创造奇迹的力量。

▲ 叠人塔的乐队

咫尺与千里，跨越『人』的广度

很多人说过，我们现代人似乎缺少了一些东西，比如信任、沟通、合作等。而源于西班牙的叠人塔运动，让我们看到了解决这些问题的可能性。

叠人塔运动给人以视觉上巨大的冲击。

我们看到人塔队员们相互扶持，一步一步地站稳、搭起更高层的人塔，低下头紧紧咬住领口，以避免同伴滑下来；我们看到最高层的小女孩冒着巨大的风险、怀着无限的勇气，慢慢地爬向最高层，同样也是心灵的震撼。随着乐队所奏的音乐，我们的心一点点跟着队员们的动作揪紧，我们看到每个人对同伴的全身心的信任，让我们为之感动；我们看到大家彼此默契的合作，每一次队员们的聚合、周围人员的下撤，每一次的眼神交流，都有着满满的协作；我们看到中国与西班牙队员之间的友谊，虽然语言不能完全相通，但他们的心意可以相通，彼此想要超越极致的目标是如此的一致。

很长时间以来，我们过于快速地适应这个时代，所有人都在加快步伐，向着各自的方向前行。我们似乎遗忘了很多，也丢失了很多。我们常常独自低着头，向前走，而忽视了身边的很多人。

我们正需要这样一种运动，或者是这样一种形式，来促进人与人之间的交流、沟通、融合，甚至是陌生人之间默契的协作、不同国家的人之间的交流和合作。

而如今，看到人塔的挑战与尝试，我们相信即使在今天，我们依然可以通过这种方式找回最初的信任与彼此的依赖。

可能我们已经忘记那种毫无芥蒂的信任是什么样子。在中国曾经的乡土社会，人们曾经是了解彼此，不需说明自己是谁就能被热情迎进门的熟悉与亲密。但是很快，经济的浪潮将很多很多的习惯打破，我们面对着陌生而光怪陆离的新世界，一时之间不知所措。曾经的平房变成一幢幢高楼。邻里之间不再熟悉，他们只是因为买了同一处的房子而有了牵连。上下楼不知住的都是什么人，熟悉、信任更是无从谈起。

曾经一度，我们怀疑过这个社会是否还有信任和真诚存在。可是我们也在慢慢学着重新接纳彼此，重新信任同伴，重新构建合作，重新张开双臂去拥抱世界。2009 年中国成立第一个叠人塔运动俱乐部后，叠人塔运动在内地迅速兴起。越来越多的人开始加入、推崇这一健康而有意义的运动。

一次又一次的挑战，观众们也被队员们的不服输感动。为了保证人塔的稳定，爬上最高层的必须是身体轻盈的小孩子，而对那个爬到最高的小孩子有着极其严苛的要求。她必须有极高的平衡力，克服对高空的恐惧，能够稳稳地站上最高峰。这些超出同龄孩子的优秀品质，我们在小队员的身上看到了。这让我们惊叹，也让我们欣慰，更让我们自愧不如。

你相信世界之初所有人类皆是一家吗？在远古时代的我们，没有语言分化，没有人种差异，我们曾经都是一样的。中国与西班牙队员之间的无隙交流让我们相信，没有什么可以阻隔两颗彼此相通的心。怀着相同的梦想、相同的目标，即使一个眼神，也已足够。语言不通根本不足以构成挑战的障碍。

很多人不理解这项运动。叠人塔的目的是什么？是为了最后的登顶成功吗？不，不仅仅是。成功固然重要，可是我们相信，所有队员和观众们对这项运动的支持与热爱，都不只是为了得到那份荣誉，获得那次成功。每一名队员的攀登，我们都握紧拳头；每一个表情的变化，都让我们为之紧张。我们和人塔队员们在乎的一样，是他们背后的努力与坚持，是他们彼此合作的默契顺畅，是他们对同伴们全身心的信赖与依靠。

▲ 叠人塔挑战现场

人与人之间的信赖，在这一刻，体现得淋漓尽致。

这是一曲执着与信任的赞歌，他们独自坚持，他们彼此照顾，于是刀锋清冽，化作温柔皎洁。

这是一阕有关合作的颂词，默契配合、共同登顶，以奇迹之名，用躯干句读。

这是一卷囊括了寰宇的画幅，尺幅千里，跨越海峡与人种的距离，昭示着世界日益合作和交融。

这是人性的光亮，这是灵魂的聚合，这是文化的微缩！

人塔就是生命之树，长者在最底层，中间是蓬勃成长的青年人，顶层是充满希望的孩子，当孩子经历岁月成为老人，他们又将回到底座，用肩膀扛起未来的希望。

董卿：我想是信赖、是坚持，让你们在今天成功地搭建起了一个不可思议的人塔。但是更不可思议的是，我觉得人塔就像是生命之树，长者在最底层，中间是蓬勃成长的青年人，顶端是充满希望的孩子。当孩子们经历岁月成为老者，他们又将回到底座，用自己的肩膀去扛起未来的希望。你们太了不起了，你们向我们证明了生命的力量。

图书在版编目（CIP）数据

挑战不可能. 第一季 /《挑战不可能》栏目组编著
-- 北京：北京联合出版公司，2017.9
ISBN 978-7-5596-0906-9

Ⅰ. ①挑… Ⅱ. ①挑… Ⅲ. ①电视节目－概况－中国
Ⅳ. ①G229.2

中国版本图书馆CIP数据核字(2017)第205189号

挑战不可能（第一季）

TIAOZHAN BU KENENG (DI-YI JI)

《挑战不可能》栏目组 编著

策划统筹：网智传媒、北京玉兔文化有限公司
责任编辑：李 伟
书籍装帧：刘秀红

北京联合出版公司出版
（北京市西城区德外大街83号楼9层100088）
北京联合天畅发行公司发行
北京新华印刷有限公司印刷 新华书店经销
字数288千字 170mm×240mm 16开本 18.75印张
2017年9月第1版 2017年9月第1次印刷
ISBN 978-7-5596-0906-9
定价：59.80元